Kristine von Soden

»Und draußen weht
ein fremder Wind ...«

Kristine von Soden

»Und draußen weht ein fremder Wind...«

Über die Meere ins Exil

AvivA

Für

Moses Hirschberg, Gerhard Nagel, Cilly Peiser,
Naftali Stern und Markus Stutzmann

Inhalt

Vorwort

Als ich vor einem knappen Vierteljahrhundert für kulturge-
schichtliche Hörfunk-Dokumentationen im NDR und Lehr-
veranstaltungen an der Hamburger Universität meine ersten
Gesprächsaufzeichnungen (damals noch auf Tonkassetten)
mit jüdischen Ärztinnen, Juristinnen, Schriftstellerinnen und
Künstlerinnen machte, die aus dem nationalsozialistischen
Deutschland geflüchtet waren, standen ihre Erfahrungen in
der Fremde im Mittelpunkt, weniger ihre Wege über die Meere dorthin. Doch seither beschäftigte mich immer wieder: Auf
welchen Schiffen und von welchen Häfen aus traten die Ver-
folgten ihre Reisen ins Ungewisse an? Wer half ihnen bei der
Beschaffung von Pässen, Aus- und Einreisepapieren, Transitvisa, Affidavits und Schiffskarten? Wie liefen die Gepäcktransporte ab? Wer leistete finanzielle Unterstützung, wer
fachkundigen Rat?

Im Rahmen eines Werkvertrages für ein Ausstellungskon-
zept im Deutschen Exilarchiv 1933 bis 1945 in der Deutschen
Nationalbibliothek, Frankfurt am Main, ging ich 2012/2013
jenen Fragen nach. Daraus und aus umfangreichen weiter-
führenden Recherchen entstand das vorliegende Buch.

Anhand von Tagebüchern, Briefen, Gedichten sowie
unveröffentlichten Dokumenten und literarischen Zeugnis-
sen aus dem im Deutschen Exilarchiv befindlichen Nachläs-
sen jüdischer Emigrantinnen werden ausgewählte Fluchten
skizziert: gelungene wie tragisch gescheiterte, legale wie illegale. Manche lassen sich recht gut rekonstruieren, andere bleiben bruchstückhaft, von vielen sind nur Details bekannt. Prominente Namen wie Mascha Kaléko oder Monika Mann
wechseln sich mit weithin vergessenen ab, wobei einige der
vorgestellten Emigrantinnen die Bühne häufiger betreten als

andere – eingebunden in die jeweiligen politischen Geschehnisse, nicht als Einzelbiographien dargestellt.

1933 zu emigrieren ist nicht dasselbe wie 1935 oder 1938. Im Laufe der sich zuspitzenden antijüdischen Entrechtungspolitik werden die Ausreisen bis zum Ausreiseverbot im Herbst 1941 immer schwieriger und gefährlicher. Die Kapitel folgen daher der Chronologie der Ereignisse. Als Quelle dienten mir hier vor allem Publikationen der jüdischen Hilfsorganisationen sowie jüdische Tages- und Wochenzeitungen, die im heutigen gesellschaftlichen Gedächtnis weithin verblasst und vergessen sind.

Wichtigstes Anliegen ist mir, einen Eindruck von den praktischen Mühen und schikanösen Erschwernissen zu vermitteln, die mit den erzwungenen Ausreisen einhergehen. Dazu die Haltung all jener, die sich bis zum Schluss dafür einsetzen, die Schiffspassagen nach Palästina, Südafrika, Shanghai oder in die USA sorgfältig vorzubereiten und zu planen, wozu auch das Erlernen der betreffenden Landessprachen gehört. Töne der Bescheidenheit prägen viele Erinnerungen an überfüllte marode Flüchtlingsfrachter, erlittene Internierungen und verzweifeltes Warten. »Was für mich die größte Freude auf Erden wäre«, schreibt Anna Seghers 1941 kurz vor ihrer Ankunft in New York nach einer langen hindernisreichen Überfahrt: »auf einem Laken schlafen, von einem weißen Tischtuch essen, (…) und in der Nacht die kleinen Kinder nicht mehr weinen hören.«

Möge die Lektüre dazu beitragen, einen neuen Blick auf die Fluchten ins Exil während des Nationalsozialismus zu werfen und aus dem Überlebensmut der Betroffenen Sinn und Kraft zu schöpfen.

Wir haben keinen Freund
auf dieser Welt

Saitenstimmen für Mascha Kaléko und andere
aus dem Emigrantenchor

Überfahrt

Wir haben keinen Freund auf dieser Welt.
Nur Gott. Den haben sie mit uns vertrieben.
Von all den Vielen ist nur er geblieben.
Sonst keiner, der in Treue zu uns hält.

Kein Herz, das dort am Ufer um uns weint,
Nur Wind und Meer, die leise uns beklagen.
Lass uns dies alles still zu zweien tragen,
Dass keine Träne freue unsern Feind.

30. Januar 1933. Ein Montag. Reichsweit klirrende Kälte. In Berlin sinken die Temperaturen in den frühen Morgenstunden auf elf Grad unter Null. Die großen Kaufhäuser starten wie jedes Jahr um diese Zeit in ihre »weiße Woche« mit Bettwäsche, Tischtüchern, Servietten, Spitzengarnituren. Vorm Eingangsportal des KaDeWe künstliche Schneewälder. Karstadts Lichthof mit Pinguinen vor illuminierter Nordpolkulisse dekoriert. Mittags verbreitet sich wie ein Lauffeuer: Adolf Hitler ist Reichskanzler, ernannt von Reichspräsident Hindenburg! Bei Einbruch der Dunkelheit wälzt sich ein Fackelzug aus SA und SS durchs Brandenburger Tor. Die Machtdemonstration zieht sich über Stunden hin. Für einen Propagandafilm wird das Spektakel neu inszeniert. Eisregen in der Nacht. Die Straßen spiegelglatt.

*

Die Bildhauerin Tisa von der Schulenburg, befreundet mit George Grosz, bekannt mit Albert Einstein, Annette Kolb, Renée Sintenis, Bertolt Brecht und vielen anderen aus dem *Romanischen Café*, dem Wartesaal der Poesie vis-à-vis der Gedächtniskirche, heiratet 1928 den jüdischen Unternehmer und Kunstsammler Fritz Hess. In ihrer nationalsozialistisch gesinnten Familie wird sie seither geschnitten, vor allem von ihrem Vater, dem preußischen General Friedrich Bernhard Graf von der Schulenburg, der schon in der untergehenden Weimarer Republik für die NSDAP im Reichstag sitzt. Nur ihre Mutter, Freda-Marie, geborene Gräfin von Arnim, hält zu ihr. Und Fritzi, Tisas Lieblingsbruder aus dem geschwisterlichen Quintett, innerhalb dessen sie das einzige Mädchen ist. Als junger Spund tritt auch er in die Partei ein. Bald jedoch schließt er sich dem Widerstand an. Am 10. August 1944 wird Fritz-Dietlof Graf von der Schulenburg auf der Liste der in Plötzensee Gehängten stehen.

Für die Anthologie *Als Hitler kam …* (1982) schreibt Elisabeth Gräfin von der Schulenburg, die zeitlebens den Kosenamen Tisa trägt und mit diesem auch ihre Werke signiert, tief in ihr Gedächtnis Eingraviertes von damals auf – mit inzwischen achtzig Jahren: »Ich war am 30. Januar 1933 in Stans bei Schwaz in Tirol zum Zeichnen, einem Dorf voller Armut und Arbeitslosigkeit. Eingeladen zum Feuerwehrball. Um Mitternacht gab es ein Riesenschnitzel, das den Teller mit Sauerkraut bedeckte. Die Nachricht im Radio: Hitler hat die Macht übernommen. Tosender Beifall aller Tiroler im Saal. Und ich saß da. Ja, da saß ich. Saß und starrte auf den Teller.«

*

Tisa von der Schulenburg im Garten von Fritz Hess

Zunächst lief alles »wie eine mechanische Welle funktional« weiter, erzählt der Schriftsteller und Dramatiker Carl Zuckmayer in seinen Memoiren *Als wär's ein Stück von mir* (1966). In gewohnter Tradition besucht er am frostigen 29. Januar 1933 mit seiner Frau Alice den glamourösen Berliner Presseball, dem Gesellschaftsereignis par excellence in der Berliner Wintersaison. »Die Stimmung, die an diesem Abend in den überfüllten Sälen herrschte, war die merkwürdigste, die ich je erlebt habe: Jeder spürte, was in der Luft lag, keiner wollte es ganz wahrhaben.« Viele prominente Gesichter aus Kultur und Politik fehlen, bleiben dem Ball fern, Minister, Diplomaten, Staatssekretäre, auch die Ullsteinbrüder. Die Honneurs macht stellvertretend der Verlagsdirektor. »Er ließ uns fortgesetzt die Gläser füllen und wiederholte dazu: ›Trinken Sie, trinken Sie nur – wer weiß, wann Sie wieder in einer Ullstein-Loge Champagner trinken werden!‹ Im Grunde wussten wir alle: Nie mehr.« Noch steht der Name Carl Zuckmayer auf den Spielplänen der Berliner Bühnen. Das wird sich in Kürze ändern.

Am 27. Februar 1933 färbt sich der Himmel über dem Spreebogen unweit der Kronprinzenbrücke. Der Reichstag brennt! Mit dieser Meldung stürzt eine Patientin in die Sprechstunde von Dr. med. Hertha Nathorff in der Spichernstraße 15, Ecke Hohenzollerndamm. Der Reichstag brennt? »Vielleicht Kurzschluss, denke ich«, notiert die Ärztin für Allgemeinmedizin und Geburtshilfe in ihr Tagebuch.

Im Takt abgefeuerter Geschütze sorgen fortan unzählige NS-Verordnungen, NS-Gesetze, NS-Maßnahmen für die Abschaffung der Rechtsstaatlichkeit. Antisemitische Hetzparolen drängen sich ins Alltagsvokabular, monströse Wortgebilde im tausendjährigen Größenwahn. »Sie ›schalten gleich‹«, hält Hertha Nathorff in ihren Zeilen fest. »Nein, sie

wüten.« Am 28. Februar 1933 legitimieren Paragraphen-
kolonnen »zum Schutz von Volk und Staat« die Verhaftung
und Verschleppung Andersdenkender. Das Klacken der gena-
gelten Braunhemdenstiefel, die auf den Straßen patrouillie-
ren, macht Angst. Längst hat die Austreibung des jüdischen
Geistes begonnen.

*

Zu den frühen Seherinnen des heraufziehenden Unheils
gehört Gabriele Tergit, alias Dr. phil. Elise Reifenberg, geborene Hirschmann, die berühmte Journalistin vom Berliner
Tageblatt, Erfolgsautorin von *Käsebier erobert den Kurfürstendamm* (1931) und erste Gerichtsreporterin in der Weimarer Republik. Während der Reichstagswahlen im Juli 1932, als
dreizehneinhalb Millionen ihre Stimme der NSDAP geben,
weilt sie mit ihrem Mann, dem Architekten Heinz Reifenberg, und Knirps Peter zur Sommerfrische in Schweden. »Die
Ostsee, halb Meer und halb See, war wie in meinem geliebten
Arendsee blau und der Himmel wolkenlos.« Über Deutschland braut sich unterdessen Teuflisches zusammen. Naziblät-
ter wiegeln die Massen auf: »Der Betrüger Levi!«, »Der Dieb
Isaac!« In Stadt und Land Jagd auf Kommunisten, Jagd auf
Sozialdemokraten, Jagd auf Juden. Schreckensbotschaften
kriechen durch alle Ritzen, werden zum – pst! – Treppen-
hausgeflüster: ... erschlagen ... gefoltert ... erschossen ...
    Am 4. März 1933 hat Gabriele Tergit Geburtstag, sie wird
neununddreißig Jahre alt. Am Vorabend sind Freunde zu
Gast, und wie immer in den geselligen Runden in ihrer Wohnung in Siegmunds Hof 22 im Bezirk Tiergarten wird lebhaft
diskutiert und gelacht. Berliner hätten sich einen neuen Slo-
gan ausgedacht: »Deutsche, kauft deutsche Bananen!« Als

15

alles schon schläft, trommelt es an die Wohnungstür. »Heinz schrie dem Mädchen zu: ›Nicht aufmachen!‹« Heinz Reifenberg geht selbst zur Tür, öffnet sie, aber nur einen Spalt. Erkennt sofort: ein Trupp vom berüchtigten SA-Sturm 33 in umgürteten langen schwarzen Ledermänteln. Plötzlich stemmt sich ein Fuß in die Tür, doch die Sicherheitskette hält. »›Haftbefehl für Ihre Frau.‹ – ›Von wem?‹ – ›Direkt von Göring.‹ – Heinz presste die Tür zu…« Eine Szene aus Gabriele Tergits posthum erschienenen Erinnerungen *Etwas Seltenes überhaupt* (1983). Der Titel ist einem Satz aus der Feder des Rechtsanwalts und politischen Publizisten Rudolf Olden entnommen, aus einem Brief an seine Mutter, in dem er von seiner jungen Mitarbeiterin im *Berliner Tageblatt* schwärmt. 1940 besteigt Rudolf Olden mit seiner Frau Ika die *City of Benares* im Hafen von Liverpool. Ziel der gemeinsamen Emigration: New York. Unter den Passagieren auch Monika Mann und der ungarisch-jüdische Kunsthistoriker Jenö Lányi, den sie im Juni geheiratet hatte. Das Schiff wird von einem U-Boot der deutschen Kriegsmarine torpediert.

Gabriele Tergit entscheidet sich noch in der Nacht zum 4. März, die Koffer für sich und den Kleinen zu packen. »Ich roch, dass ein so gewaltiger Hass, wenn er freigegeben, zu Mord führen musste.« Ihre erste Exilstation ist nach einer kurzen Verschnaufpause im Riesengebirge Prag, die zweite Jerusalem, wo Heinz Reifenberg für den Schwiegervater seines Bruders, einem Mitbegründer der Hebräischen Universität, inzwischen ein Haus entworfen und gebaut hatte.

Eine, die auf andere Art das heraufziehende Unheil wahrnimmt, ist Mascha Kaléko. 1923, nach der Mittleren Reife an einer Mädchenschule der Jüdischen Gemeinde, beginnt die Sechzehnjährige eine Lehre als Stenotypistin im Arbeiterfürsorgeamt der Jüdischen Organisationen Deutschlands in der

Heinz Reifenberg und Gabriele Tergit 1929 im Grunewald

Mascha Kaléko 1938

Auguststraße 17, Berlin-Mitte. Nebenher schreibt sie Gedichte, schickt sie an Zeitungen. Und hat endlich Glück. 1929, auf dem Höhepunkt der Weltwirtschaftskrise, landen gleich zwei im Kulturmagazin *Der Querschnitt*, herausgegeben von Hermann von Wedderkop, der sich just selbst glücklich schätzen kann, weil sein Paris-Reiseführer in der beliebten Reihe *Was nicht im ›Baedeker‹ steht* im Piper Verlag die Kassen klingeln lässt. Regelmäßig erscheinen nun Gedichte von Mascha Kaléko auch im *Berliner Tageblatt*, in der *Vossischen Zeitung*, der *Berliner Montagspost* und der *Welt am Morgen.* Franz Hessel, stadtbekannter Flaneur, Feuilletonist und Lektor im Rowohlt Verlag, liebt die schmetterlingsleichten Phantasien aus kessem Witz und melancholischer Weisheit, schneidet sie aus, sammelt sie und ermuntert Mascha, mehr zu Papier zu bringen, bis sich ein Buch daraus machen lässt. Anfang Januar 1933 liegt es auf dem Tisch: *Das lyrische Stenogrammheft. Verse vom Alltag.* Startauflage: fünftausend. Genauso viele Exemplare hatte Ernst Rowohlt von *Käsebier* gedruckt. Für eine Reportage in der *Jüdischen Rundschau* ist Mascha Kaléko, das Emigrantenkind aus Galizien am Rande der einstigen Donaumonarchie, im Frühling 1935 mit jüdischen Auswanderern an Bord der *Roma* von Triest nach Haifa unterwegs. Ob damals ihr Gedicht *Überfahrt* entsteht? Niemand weiß eine Antwort.

Tisa von der Schulenburg folgt Ostern 1934 ihrem Mann Fritz Hess ins Londoner Exil. Er emigriert bereits 1933, die drohende »Vertreibung, Vernichtung«, wie sie skizziert, klar vor Augen. Als Tisa im Zug über die deutsche Grenze fährt, wirft sie ihr Glas zum Fenster des Speisewagens hinaus. »Ich wollte alles hinter mich werfen, abwerfen, was mich an Deutschland band.«

1939 werden Hertha Nathorff und ihre Familie von der Heimat Abschied nehmen, im selben Jahr und auf ähnlicher Route wie Carl und Alice Zuckmayer mit ihren beiden Töchtern: auf einem holländischen Ozeandampfer Richtung USA. Dorthin wird kurz vor dem Novemberpogrom 1938 auch Mascha Kaléko fliehen, zusammen mit ihrem zweiten Ehemann, Chemjo Vinaver, und dem gemeinsamen Sohn Evjatar, der gerade zu sprechen begann: »Amegika!«

Ade, ihr paar leuchtenden Jahre …

Sei Du im Dunkel nah. Mir wird so bang.
Ich habe Vaterland und Heim verlassen.
Es wartet so viel Weh auf fremden Gassen.
Gib Du mir deine Hand. Der Weg ist lang.

Und wenn das Schiff auf fremder See zerschellt,
Wir sind einander mit dem Blut verschrieben.
Wir haben keinen Freund auf dieser Welt.
Uns bleibt das eine nur: uns sehr zu lieben.

Dreiunddreißig

Nur keine Klagelieder

1. April. Die Straßen voller Scherben: »Judenboykott«. In ganz Deutschland jüdische Geschäfte, Anwaltskanzleien, Arztpraxen verwüstet, geplündert, beschmiert. »Mit Flammenschrift steht dieser Tag in mein Herz eingegraben«, notiert Hertha Nathorff in ihr Tagebuch. Die nationalsozialistische Propaganda hat neues Gift zum Brandmarken und Selektieren ausgestreut. Arischsein wird zur alles beherrschenden Norm, der »Arierparagraph« zum Schwert für systematische »Säuberungen«. Binnen kürzester Zeit müssen jüdische Männer und Frauen ihre Lehrstühle räumen und ihre Roben an den Nagel hängen, dürfen sie an staatlichen Bühnen nicht mehr singen, nicht mehr spielen, keine Regie mehr führen, keinen Taktstock mehr in die Hand nehmen, dürfen sie keine Urkunden mehr notariell beglaubigen, keine Steuerberater mehr sein, in staatlichen Kliniken keine Blinddärme mehr entfernen, keine Krebsgeschwüre heilen. Schon bald wird der Entzug der Kassenzulassung folgen, wird Hertha Nathorff in ihr Tagebuch eintragen: »Die letzte Kassen-Sprechstunde. Ich habe tapfer durchgehalten. Meine Wohnung gleicht einem blühenden Garten. Abschiedsblumen. Wie das ist, sein eigenes Begräbnis zu erleben!«

Am 13. April zieht die *Jüdische Rundschau*, die für das deutsche Lesepublikum wichtigste, zweimal pro Woche erscheinende zionistische Zeitung, eine erste Zwischenbilanz: »Die jüdische ›Gleichberechtigung‹ ist zu Ende. (...) Ein Ereignis von historischer Tragweite.« Am selben 13. präsentiert sich der Zentralausschuss der deutschen Juden für Hilfe und Aufbau mit Sitz in Berlin-Charlottenburg, Kantstraße

158. Hinter dem nüchternen Namen verbirgt sich eine bis dahin für undenkbar gehaltene Kooperation zwischen den mannigfaltigen und weit zersplitterten jüdischen Organisationen, darunter die Zionistische Vereinigung für Deutschland, der Central-Verein deutscher Staatsbürger jüdischen Glaubens, der Jüdische Frauenbund (JFB) oder auch die 1912 in Katowice gegründete orthodoxe Agudas Jisroel. Meinungsverschiedenheiten und Grabenkämpfe zum jüdischen Selbstverständnis (etwa zu der Frage, ob nun Juden ein eigenes Volk seien oder lediglich eine Religionsgemeinschaft wie Katholiken und Protestanten) weichen dem Gebot der Stunde, Geschlossenheit zu zeigen – als Reaktion auf die erbarmungslose Entrechtung und Demütigung: »Die Not steht vor den Türen unserer Menschen, ihre Kraft droht zu zerbrechen. Von uns, von der Gesamtheit, muss die Rettung kommen.« Und eben das soll durch Hilfe und Aufbau geschehen. Dieses Wortpaar wird zu einer Hoffnung verheißenden Losung, verknüpft mit einem breit gefächerten Aufgabenkatalog, angefangen von der Wohlfahrtspflege über die durch die flächenbrandartige Zerstörung von Existenzen notwendig gewordene »Berufsumschichtung« bis hin zur »Wanderungsberatung«, die sich unter dem Druck des nationalsozialistischen Machtapparates unentwegt neu positionieren muss. Ehrgeizigstes Projekt: der Aufbau von Palästina. Das alles kostet Unsummen von Geld. Ein Teil kann mit Steuermitteln aus den jüdischen Gemeinden bestritten werden, ein anderer über Spenden. Erst durch großzügige Zuwendungen ausländischer jüdischer Organisationen indes wie dem American Joint Distribution Committee und dem Central British Fund for German Jewry ist die Arbeit des Zentralausschusses einigermaßen abgesichert – gestützt von einer Haltung, sich den eingeschränkten Daseinsbedingungen anzupassen, so die

Spitze des Zentralausschusses um den Rabbiner Leo Baeck: »Nutzlos wäre es, sich der Trauer über verlorene Positionen hinzugeben, zwecklos, Klagen über Fehler zu erheben.«

In einer anderen Tonart stimmt die *C.V.-Zeitung*, das Organ des Central-Vereins, der mitgliederstärksten jüdischen Vereinigung, an jenem 13. April zu den Ereignissen an: »Wir fühlen uns wie Verbannte, die im eigenen Heimatlande bleiben dürfen. Wir sitzen im deutschen Exil an den Strömen Deutschlands, aber wir weinen nicht. Wohl legen wir die Harfe beiseite, aber nur, um so kräftiger die Geräte der Arbeit zu schwingen. Wir singen dabei kein neues Lied, sondern die alte ewige Melodie unserer jüdischen Erhaltung.« Hannah Karminski, die renommierte Sozialarbeiterin und Redakteurin der *Blätter des Jüdischen Frauenbundes für Frauenarbeit und Frauenbewegung* appelliert an ihre Schwestern, »noch viel mehr aneinanderzurücken«, Stolz und Würde zu zeigen und sich in das »Schicksal Jude, Jüdin zu sein« zu fügen, vor allem aber zu helfen, wo immer dies vonnöten sei: »Helfen, das heißt in der eigenen Familie: Ruhe und Besonnenheit bewahren – die Unsicherheit der Existenz auf sich nehmen durch Umstellung auf einfachste Lebensführung – den Kindern ein Klima sichern, in dem trotz allem Entwicklung und Wachstum möglich ist. (…) Helfen, das bedeutet für uns jüdische Frauen aber auch, überall mittun, wo die jüdische Gemeinschaft und speziell die jüdischen Gemeinden Beratungs- und Hilfsstellen geschaffen haben.« Nach dem Verbot der *Blätter* 1938 und der anschließenden Zwangsauflösung des Jüdischen Frauenbundes wird sich Hannah Karminski für unzählige Fluchten aus Deutschland einsetzen und Kindertransporte nach England begleiten. 1942 wird sie selbst zu den nach Auschwitz Deportierten gehören.

23

Dass die Boykottaktionen den Auftakt zu einer Vernichtungspolitik markieren, wollen viele, sehr viele nicht wahrhaben. Noch nicht. Nicht im April 1933. So schlimm werde es schon nicht werden. Wahrscheinlich sei der Spuk bald vorbei. Und sogar unter jenen Abertausenden, die nach dem 30. Januar überstürzt vor allem nach Frankreich, aber auch nach England, Belgien oder in die Niederlande flüchten, befinden sich nicht wenige, die fest daran glauben, in ein paar Monaten, vielleicht gar Wochen, wieder zurückkehren zu können.

Am 10. Mai steigen Rauchschwaden am Berliner Opernplatz auf, Fetzen aus verkohltem »schädlichen Schrifttum« zittern in der Luft, nicht nur in Berlin, in allen deutschen Universitätsstädten. Die nationalsozialistische Studentenschaft ergötzt sich an den von ihr initiierten öffentlichen Bücherverbrennungen.

*

Hertha Nathorff beobachtet die politische Szenerie mit Sorge, aber auch sie kann sich nicht vorstellen, die Zelte abzubrechen. »So schnell räume ich das Feld nicht.« Die Ärztin möchte bleiben, für treue Patienten weiter da sein, auch wenn sie ihnen nur noch mit Medizin aus ihrer Hausapotheke helfen kann. In ihrem Tagebuch fragt sie unablässig nach dem Warum, grübelt über Schuld, führt Selbstgespräche: »Aus, aus – ich muss es mir immer wieder sagen, damit ich es fassen kann.« Ihren Schmerz versucht sie in Verse zu bannen: »Dieses Leid gibt Kraft. In jeder Stunde / Ring ich um Heimat, Ehr und Licht. // Ich hab ein Recht am deutschen Lande – / Ich kämpfe drum und weiche nicht!« Dass ihr die Leitung der Eheberatungsstelle im Frauenkrankenhaus Berlin-Charlottenburg, die sie neben ihrer Praxis innehatte, genommen

FRAU DR. MED. HERTHA NATHORFF

BERLIN W. 50
SPICHERNSTR. 15   TEL. 25 89 85

Visitenkarte von Hertha Nathorff

Hertha und Erich Nathorff 1936

wird, trifft sie ins Mark. Hatte man sie 1929 nicht wegen ihres Könnens und außerordentlichen Fachwissens für die Stellung ausgewählt? Und wegen ihrer langjährigen Berufserfahrungen zuvor im Entbindungs- und Säuglingsheim des Roten Kreuzes in Berlin-Lichtenberg? Sollte das alles nun nichts mehr wert sein? Um zu begreifen, was nicht zu begreifen ist, spult Hertha Nathorff ihren Lebensfilm immer wieder auf den Anfang ihrer Berlinjahre zurück: als sie, 1895 im oberschwäbischen Laupheim geboren, ihre Assistenzzeit im Krankenhaus Moabit beginnt und sich mit nun fünfundzwanzig Jahren beim Oberarzt Erich Nathorff vorstellt, gestatten, Hertha Einstein, ja, richtig, eine Nichte des berühmten Physikers, innerhalb der Familie nach wie vor »das Albertle«. Oder noch weiter zurück: als sie zu den ersten Studentinnen an den deutschen Hochschulen zählt, 1914 in Heidelberg, und sich in der chirurgischen Abteilung der Universitätsklinik, wo Schwerverwundete aus den Schützengräben liegen, freiwillig zur Nachtwache meldet. Prägende erste Begegnungen mit dem Tod, mit Krieg und dem Kampf ums Überleben.

Hertha Nathorff fühlt sich schon als Heranwachsende zur Ärztin berufen, ist Mitglied im Bund Deutscher Ärztinnen (BDA) und gehört dem Vorstand der Berliner Ärzteverbände an. Gegen Ende der Weimarer Republik schafft sie sogar den Sprung in den Gesamtausschuss der Verbände, bis dahin ein reiner Herrenclub.

Und nun? Nichts mehr. Von heute auf morgen alles weg. Nein, nicht alles. Erich gibt es noch, Erich Nathorff, den sie 1923 geheiratet hat. Und Heinz, ihren gemeinsamen Jungen, jetzt, 1933, acht Jahre alt.

*

Am Tag der Bücherverbrennungen, einem nachgerade symbolhaft wirkenden kalendarischen Aufeinandertreffen, bringt der Zentralausschuss für Hilfe und Aufbau die erste Ausgabe seiner *Informationsblätter* heraus. Gegenstand und Ziel laut Editorial: »Die Behebung der augenblicklichen schweren Notlage der jüdischen Bevölkerung in Deutschland.«

Das zweimal monatlich erscheinende Periodikum liest sich wie eine Chronik der jüdischen Selbsthilfe, ergänzt von detaillierten Statistiken zur jüdischen Auswanderung und Berichten aus jenen zwei großen Organisationen, die diese verwalten und »planmäßig«, wie ausdrücklich immer wieder betont, regulieren: der Hilfsverein der deutschen Juden und das Palästina-Amt. Beide Adressen gibt es bereits seit geraumer Zeit, neu ist, dass auch sie jetzt unter dem Dach des Zentralausschusses ihre Kräfte bündeln und miteinander kooperieren. Der Hilfsverein hatte schon 1901 seine Arbeit aufgenommen und widmete sich speziell der Unterstützung bedürftiger Ostjuden. Nach dem Machtantritt der Nationalsozialisten richten sich die Aktivitäten auf die Erkundung von Auswanderungsmöglichkeiten in europäische Länder und nach Übersee, wobei ein Netz von über vierhundert Korrespondenten auf allen Kontinenten dazu beiträgt, über Existenzgründungen in der Fremde zuverlässige Auskünfte geben zu können. Das Angebot des Hilfsvereins löst ein überwältigendes Echo aus. Bis zum Herbst 1933 verzeichnet allein die Berliner Beratungsstelle in der Martin-Luther-Straße 91 (weitere achtzehn Beratungsstellen sind über ganz Deutschland verteilt) dreißigtausend Ratsuchende, bis Jahresende verdoppelt sich die Zahl. Ein knappes Viertel davon erhält Zuschüsse für Bahn- und Schiffskarten, Visa und Anschaffungen geeigneter »Übersee-Ausrüstungen«, Gepäcktransporte und Verpflegung unterwegs. In einem Fall wird der

Annonce aus der Informationsbroschüre Alijah, *Oktober 1934*

Hilfsverein später ein Schiff chartern, um Bedrängte in Sicherheit zu bringen.

Die Zeichen der Zeit stehen für Auswanderungen schlecht. Durch die wirtschaftliche Depression herrscht fast überall anhaltend hohe Arbeitslosigkeit, was sich in restriktiven Einreisebestimmungen und sonstigen Hindernissen niederschlägt. In einer eigenen Rubrik finden sich daher in den *Informationsblättern* stets aktuelle Notizen wie: »Argentinien: Kein freier Beruf darf ohne nationales Diplom ausgeübt werden, zu dessen Erlangung sehr strenge Examina erforderlich sind.« – »Jugoslawien: Ausländer werden nur beschäftigt, wenn keine einheimischen Fachkräfte zur Verfügung stehen« – »Kanada: Einwanderung für Akademiker völlig gesperrt.« – »Belgien: Genehmigung zum Aufenthalt wird nur erteilt, wenn bereits eine Arbeitsgenehmigung des belgischen Arbeitsministeriums vorliegt. Diese Genehmigung wird jedoch nur dann gegeben, wenn die beabsichtigte Erwerbstätigkeit den Interessen Belgiens nicht zuwiderläuft.« – »Dänemark: Das dänische Fremdengesetz bestimmt, dass Ausländer, die nicht genug Unterhaltsmittel besitzen, mit Hilfe der Polizei aus dem Lande auszuweisen sind« – »Persien: Vor der Zuwanderung deutscher Arbeitskräfte muss gewarnt werden.«

Völlig anders ist es um die Verhältnisse in Palästina bestellt, wohin bis 1936 die meisten jüdischen Emigrationen aus dem nationalsozialistischen Deutschland führen.

Als britisches Mandatsgebiet wird das alte Bibelland 1922 zur »nationalen Heimstätte für das jüdische Volk«, abgesegnet vom Völkerbund mit dem folgenschweren Zusatz aus der Balfour-Deklaration, dass »clearly understood« nichts geschehen solle, was die Rechte der bestehenden nicht-jüdischen Gemeinschaften in Palästina in Frage stellen könne.

Annonce aus der Informationsbroschüre Alijah, *August 1933*

Über die Jewish Agency for Palestine, der offiziellen jüdischen Vertretung in London, werden turnusmäßig alle sechs Monate von der Mandatsregierung festgelegte Kontingente für Zertifikate, die Einreisegenehmigungen, an die Palästina-Ämter verteilt. Zum Beispiel für Polen in Warschau und Krakau, für die Bukowina in Czernowitz, für Österreich in Wien, für die Tschechoslowakei in Prag, für Jugoslawien in Zagreb, für Belgien in Antwerpen und für die Niederlande in Rotterdam. Die deutsche Niederlassung, 1924 gegründet, hat ihren Sitz in Berlin-Charlottenburg, Meinekestraße 10. Im selben Gebäude sind die *Jüdische Rundschau* und die Berliner Zionistische Vereinigung untergebracht. Ein paar Häuser weiter logiert der Palestine & Orient Lloyd, ein Vertragsreisebüro des Palästina-Amtes mit Geschäftsstellen auch in der Friedrichstraße und am Kurfürstendamm.

Getragen von der Aufbruchstimmung der zionistischen Bewegung, erfährt der alte hebräische Begriff Alija (oder auch Alijah) für »Aufstieg« – ursprünglich im Sinne der Rückwanderung aus dem babylonischen Exil ins höher gelegene Heilige Land – eine Renaissance. Zwischen 1919 und 1923 wandern über fünfunddreißigtausend Menschen (nicht nur aus Deutschland, sondern auch aus Österreich oder der Tschechoslowakei) nach Palästina aus, darunter scharenweise Pioniere des Bodens, Chaluzim, die die ersten Kibbuzim errichten. Eine der wenigen Frauen unter den Enthusiasten ist Lotte Cohn, die spätere Doyenne der israelitischen Architektur. Schon als Mädchen leidet sie unter antisemitischen Hänseleien, erschüttern sie Verleumdungen ihres Vaters, des angesehenen Arztes Bernhard Cohn, hatte sie nie das Gefühl, im wilhelminischen Berlin, wo sie 1893 in einer zionistischen Familie aufwächst, zu Hause zu sein. Lotte Cohn trifft 1921 in Palästina ein, begleitet von ihrer ältesten Schwester Helene und im Gepäck einen attraktiven Arbeitsauftrag, um den sie sich selbst schon von Berlin aus bemüht hatte. Dazu ein Exkurs in ihre Biographie, die die Kunst- und Architekturhistorikerin Ines Sonder in *Baumeisterin des Landes Israel* (2010) nachzeichnet und die erhellende Verbindungslinien zur Zäsur 1933 sichtbar werden lässt:

Zwei Jahre vor Beginn des Ersten Weltkrieges immatrikuliert sich Lotte Cohn an der Technischen Hochschule Charlottenburg und ist dort die erst vierte ordentliche Studentin. Die meisten Abiturientinnen jener Zeit wählen wie Hertha Nathorff das Fach Medizin. Nach ihrem Diplom 1916 arbeitet Lotte Cohn in verschiedenen Wiederaufbauprojekten im ostpreußischen Pilkallen, in Tilsit und Gumbinnen und bewirbt sich 1918 erfolgreich um die Aufnahme in den Architekten- und Ingenieur-Verein zu Berlin. Ein Jahr später erscheint ihr Name als einziger weiblicher in einem zionistischen Verzeichnis jüdischer Diplom-Ingenieure, »welche bereit sind, nach Palästina zu gehen«. Noch bis 1920 wirkt sie in einem Berliner Architektenteam mit, das Siedlungspläne für die Unterbringung von Einwanderern in Erez Israel entwickelt. Über ihre zweitälteste Schwester Rosa, die bereits in Jerusalem lebt und für den Jüdischen Nationalfond tätig ist, erfährt Lotte, dass der aus Frankfurt am Main stammende Architekt Richard Kauffmann, Absolvent der Technischen Hochschulen Darmstadt und München und jetzt Stadt- und Siedlungsplaner der Palestine Land Development Company (PLDC) in Jerusalem, zionistische Mitarbeiter für seine Vorhaben sucht. Und so schreibt sie ihm im Frühling 1921 einen langen Brief mit einer ausführlichen persönlichen Vorstellung und Bewerbung. Im Sommer, endlich, liegt seine Antwort aus dem Gelobten Land in der Post, teilt Richard Kauffmann dem »sehr geehrten Fräulein Cohn« warmherzig und zustimmend

*Lotte Cohn auf dem Grundstück Abarbanel Straße 28 in Jerusalem
(vor ihrem Hausbau dort 1932)*

mit, dass »unerhört schöne« Projekte in Palästina winken, er
sich über ihr Kommen freue und hoffe, dass das Zusammenarbeiten »ein glückliches« sein werde. Last but not least gibt
er ihr nützliche Reisetipps: »Sie fahren am besten mit dem
Schiff (›Carnolia‹) direkt nach Jaffa. Sonst sind ›Helonen‹ und
›Wien‹ (3. Kl. Bett, gute Verpflegung) zu empfehlen. Auf den
anderen Schiffen II. Kl. – keinesfalls Deck. Aufenthaltsdauer
in Ägypten, Alexandrien, aufs notwendigste beschränken
wegen der Hitze. Am besten Schiff bis Jaffa, sonst Bahn II. Kl.
Bis Ludd umsteigen nach Jerusalem. Bahnfahrt nicht zu empfehlen. Schwierigkeiten des Umsteigens und des Zolls. (...)
Hüten Sie vor allem auf der Fahrt Ihren Magen, halten Sie
streng leichte Diät. Große Vorsicht beim Trinken. Nur abge-
kochte oder europäische Wasser, am besten Thee, niemals
rohes Obst, außer gewaschenen frischen Weintrauben. (...)
mit bestem Gruß.«

Zweieinhalb Wochen später heißt es für Lotte Cohn und
ihre Schwester Helene: Adieu, Berlin! Vom Anhalter Bahnhof
mit dem Zug via München, Innsbruck, Bozen, Verona zunächst bis Venedig, wo sie einen Zwischenstopp einlegen. Am
26. August fahren sie von Triest nach Alexandria. Auf welchem Schiff, verrät die Biographie leider nicht. Aber sie erzählt von der Landung im heißen Ägypten drei Tage nach
Verlassen des italienischen Hafens an der Adria: »Sofort spürt
man die andere Atmosphäre, das ist der Orient oder vielmehr
die Levante«, begeistert sich Lotte Cohn in ihrem wunder-
baren *Bilderbuch ohne Bilder* mit dem Obertitel *Die zwanzi-*
ger Jahre in Erez Israel, das sie mit über siebzig fertig stellt,
abgedruckt im Anhang der Biographie als ein außergewöhn-
liches Erinnerungsstück: »Ich möchte Bilder hervorzaubern,
bunte und graue. (...) Ein Spiel, wenn Ihr wollt, so, wie einer
ein Kaleidoskop zur Hand nimmt, ein wenig dreht und die

Sonne hinein scheinen lässt: sieh da, ein Stern ist entstanden ... willst Du ihn sehen?« Von Kantara auf der östlichen Seite des Suez-Kanals geht die Reise in einer unruhigen Nachtfahrt durch glühenden Wüstenwind, dem legendären Chamsin, weiter im Express-Zug nach Tel Aviv. »Wir müssen einen gewaltigen Sprung tun, denn einen Bahnsteig gibt es noch nicht, und die Wagen liegen hoch. Wir springen hinunter in den Dünensand, der ganz Tel Aviv ist ... es ist ein symbolischer Sprung.« Kein Jahrzehnt wird es dauern, bis die »weiße Stadt« im Stil des Neuen Bauens von einem Vorort Jaffas zu einer pulsierenden Metropole emporgewachsen ist.

Schon bald macht Lotte Cohn die ernüchternde Erfahrung, wie »ungeheuerlich grotesque« die Diskrepanz zwischen »Palästinaarbeit in Deutschland« und den wirklichen Verhältnissen ist, dass man »wüst schuften« muss und in Jerusalem, Jaffa und Haifa, in Tiberias und Safed eine beängstigende Feindseligkeit der Araber gärt. »Die Unruhen, diese Wolke, die bisweilen den Himmel schwarz überdeckte und die sich nie ganz verzog. (...) Man nahm Waffen mit, wenn die Wanderungen, die wir so liebten, in Gegenden führten, die ausschließlich von Arabern besiedelt waren. (...) Aber wir lebten auf diesem Vulkan und wussten, womit wir zu rechnen hatten.«

Unterdessen gestaltet sich das Zusammenarbeiten von Richard Kauffmann und Lotte Cohn wie erhofft als ein »glückliches«, entwickeln sich fruchtbare Beziehungen zum Kreis der eingewanderten Jerusalemer Prominenz wie den Philosophen Samuel Hugo Bergmann aus Prag, einst Klassenkamerad von Franz Kafka, seit 1920 Direktor der Hebräischen Nationalbibliothek, oder Gershom Scholem, den Kabbala-Forscher aus Berlin, ab 1933 Professor an der Hebräischen Universität. Bergmann und Scholem sind Nachbarn im Doppelhaus, Ramban Straße 51/53 in Rechavia, dem neuen jüdischen Viertel Jerusalems. Den Bebauungsplan schuf Richard Kauffmann, das Doppelhaus kreierte Lotte Cohn. »Zwillingsnest« wird es Else Lasker-Schüler auf ihrer ersten Palästinareise 1934 taufen. Der jüdischen Dichterin sind die Cohns ein Begriff, besonders Lottes Bruder Emil Bernhard, der geschätzte Rabbiner aus der jüdischen Gemeinde Berlin – damals, als sie »Jussuf«, die arabische Variante von Joseph aus dem Alten Testament, den Verkannten, Träumenden, der überall in der Fremde ist, für sich gestaltet und ausschmückt und selbst auch wahrhaftig spielt: Jussuf, Prinz von Theben.

1932 lässt sich Lotte Cohn als selbständige Architektin in Tel Aviv nieder. Auftraggeberin ihres ersten größeren eigenen Projekts ist ihre Jugendfreundin Käte Danielewicz, die es wie sie ins alte neue Morgenland zog und die sich nun einen eigenen Gästebetrieb am Strand von Tel Aviv wünscht. Im Juni 1933 wird die *Pension Käte Dan* eingeweiht. Auch Helene Cohn betreibt eine von Lotte entworfene Pension, und zwar in Rechavia, Abarbanel Straße 28, wo sie einige Zeit gemeinsam wohnten. Eine Annonce hebt die »ruhige, kühle Lage«, fließendes Wasser und »erstklassige Verpflegung« hervor, ein Foto zeigt die Gartenterrasse einladend mit Liegestühlen. Hauptgäste sind wie bei Käte Dan »Möglichkeitensucher« (eine damalige Worterfindung für vorsorglich planende Auswanderer), die sich in der *Pension Helene Cohn* einquartieren, bis sie eine feste Bleibe gefunden haben.

Ab September 1933 schwillt die Auswanderungswelle nach Palästina noch einmal kräftig an, allein aus Deutschland werden es bis Jahresende knapp siebentausend Registrierte sein, wobei nun keineswegs mehr vor allem zionistisch Gesinnte auf den Schiffen anlegen. Auffallend viele haben nur spärliche

Kenntnisse über das Land, andere nicht den Hauch einer Ahnung, unter welchen Prämissen und Anstrengungen das jüdische Aufbauwerk entstand – so der Tenor eines Artikels in der *Jüdischen Rundschau* mit der Überschrift *Die Palästina-Einwanderung 1933*: »Palästina hat schon manche Einwanderungswelle geschluckt. Jede hat ihre eigenartigen Schwierigkeiten, ihre eigenartigen Gefahren und ihren eigenartigen Nutzen gebracht. Die Einwanderung von 1933, die bisher so glatt geht, bringt ein gerüttelt Maß geistiger Aufgaben. Diesen Strom nicht nur ökonomisch unterzubringen, sondern auch kulturell zu assimilieren, ihn zu lehren, was Palästina ist, was es will und was daraus gemacht werden soll, ist eine gewaltige Aufgabe.« Verfasserin: Gerda Luft, 1898 in einer jüdischen Kaufmannsfamilie in Königsberg geboren. Die Furcht vor den um sich greifenden Pogromen hatte ihre Eltern aus dem zaristischen Russland einst nach Ostpreußen getrieben. Gerda Luft heißt bei ihrer Einreise nach Palästina noch Gerda Arlosoroff. Der ein Jahr jüngere Viktor Chajim Arlosoroff, in den sie sich während ihres Studiums (zunächst der Medizin bis zum Physikum, dann wechselt sie zur Nationalökonomie) 1919 in Berlin verliebt, wird ihr erster Ehemann und Vater der noch im selben Jahr geborenen Tochter Schulamit. Wie bei den Cohns, mit deren drei Töchtern sie sich in Palästina befreundet, mit Lotte vor allem, ist auch das Zuhause der russisch-jüdischen Arlosoroffs vom Zionismus geprägt. Doch steht bei ihnen die Politik im Mittelpunkt, ihre Wohnung in der Eisenacher Straße ist ein Berliner Treffpunkt von Anhängern der zionistisch-sozialistischen Arbeiterpartei Hapoel Hazair. Freitagabends wird nach dem Sabbatmahl gemeinsam musiziert, vierhändig Klavier gespielt, singt man Lieder von Robert Schumann und Johannes Brahms und Weisen aus dem chassidischen Repertoire. Gerda Luft, die schon

*Ankömmlinge beim Ausbooten vor Palästina aus der Informations-
broschüre* Alijah, Oktober 1934

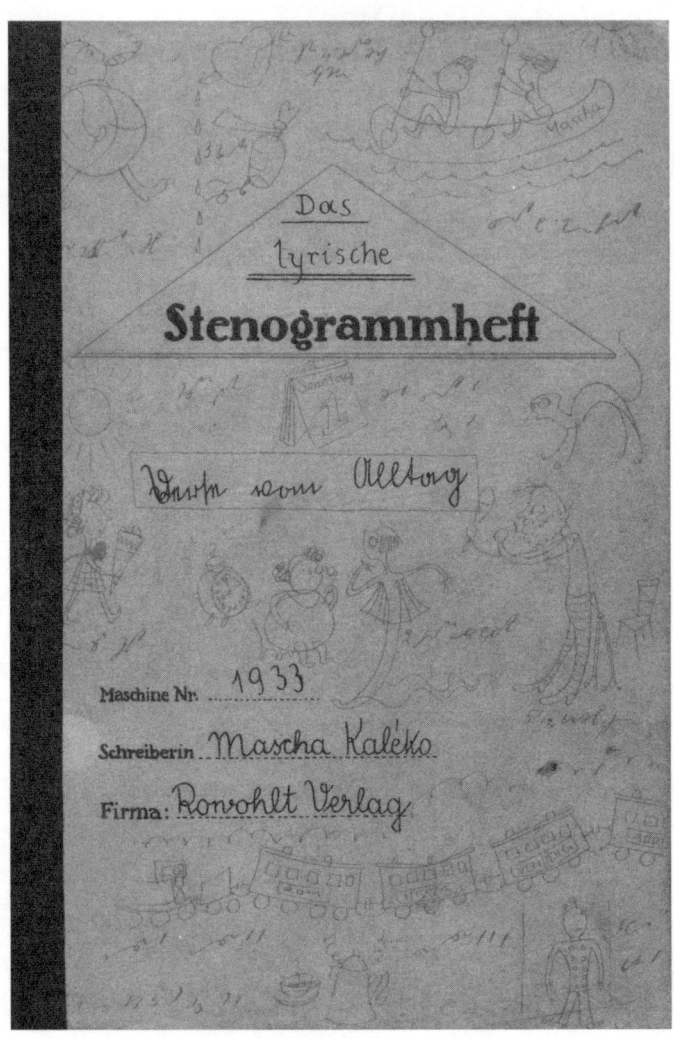

Deckblatt der Erstausgabe im Rowohlt Verlag, Berlin 1933

als Mädchen eine kristallhelle Singstimme hat und während ihrer Gymnasialzeit für den Auftritt im großen Chor der »Symphonie der Tausend«, der Achten Symphonie von Gustav Mahler, in Königsberg ausgewählt worden war, wäre gern Pianistin geworden. Letztendlich entscheidet sie sich aber für eine landwirtschaftliche Ausbildung zur Vorbereitung für das Land Zions, der Hachscharah. Währenddessen engagiert sich Viktor Chajim Arlosoroff im Jischuw, der Jüdischen Gemeinschaft Palästinas. Einige Jahre nach ihrer gemeinsamen Einwanderung wird er Leiter der Palästina-Exekutive der Jewish Agency in Jerusalem. Im Sommer 1933 treffen ihn bei einem Strandspaziergang in Tel Aviv tödliche Kugeln.

*

Das Jahr 1933 neigt sich dem Ende. Die erste Auflage des *Lyrischen Stenogrammheftes* ist so gut wie verkauft, die nächste schon in Vorbereitung. Als Widmung für das gefeierte Debüt zeichnete Mascha Kaléko ein intimes »Dir!«, gedacht vermutlich für Saul Kaléko, ihren ersten Ehemann. Das Schicksal bringt sie 1926 zusammen, genauer gesagt, die Monotonie der Schreibmaschine im Arbeiterfürsorgeamt. »Tipp, tipp, tick … tipp, tipp, tick … ein sanftes Klingeln, ping. Wir unterzeichnen mit vorzüglicher Hochachtung …«, wird Mascha 1934 in ihrem Prosastück *Mädchen an der Schreibmaschine* das Immergleiche charakterisieren. Nach Dienstschluss belegt sie, die damals noch den Nachnamen Engel trägt, Abendkurse in Philosophie und Psychologie als Gasthörerin an der Friedrich-Wilhelms-Universität, lernt dort den sieben Jahre älteren Philologen und Hebräischlehrer Saul Kaléko aus der Nähe von Wilna, dem Litauischen Jerusalem, kennen. 1928, nach Sauls Promotion, lassen sie sich trauen. Mehrfach ziehen sie um. Ihre letzte gemeinsame Adresse: Bleibtreustraße 10/11 in Charlottenburg. Von einigen wenigen Reisen abgesehen, die sie zu zweit unternehmen, erkundet die Großstadtdichterin in spe die Welt allein. Ein Erbe aus ihrer Kinderzeit? »Ich war halb fünf, als ich zum erstenmal / Mich freiheitsuchend aus dem Hause stahl. // Schön wars allein im Walde, unter Sternen, / Bis man mich fand mit Fackeln und Laternen.« 1932 besucht Mascha Kaléko Granada, Barcelona, Malaga, Mallorca, Marseille mit einem Schiffsausflug nach Marokko, Abfahrt morgens sechs Uhr: »Zum ersten Frühstück wird uns der nordafrikanische Hafen serviert.«

Spätestens nach den Bücherverbrennungen weiß Mascha Kaléko um den Ernst der politischen Lage, auch wenn ihr *Stenogrammheft* erst 1935 auf die »Schwarze Liste« gesetzt wird. Mit Zaudern denkt sie über Auswandern nach. Denn noch genießt sie ihre Beliebtheit, die verführerischen Flirts, möchte sie mehr erreichen, mehr über die Sorgen und Sehnsüchte ihrer Zeitgenossen schreiben, angespornt von ihrem Förderer Franz Hessel, der sie als »Tochter Morgensterns« verehrt.

Für das *Israelitische Familienblatt* besucht sie im November 1933 den Auftritt einer polnischen Sopranistin bei der Berliner Zionistischen Vereinigung. Die Veranstaltung im Saal des Logenhauses, Kleiststraße 10, wird als erster »Hebräischer Abend« angekündigt, viele weitere werden folgen. Die Sängerin trägt neben hebräischen Liedern auch jiddische vor. »Um das völlig unübersetzbare ›Fregt die welt an alte kasche‹ zu empfinden, bedarf es keinerlei jiddischer Sprachkenntnisse«, erklärt Mascha Kaléko im *Familienblatt*. »Das ist in Noten gesetzte jüdische Volks-Philosophie, die man gefühlsmäßig erfasst oder nie erfassen wird«.

*

Zum Jahresabschluss verkündet der Zentralausschuss der deutschen Juden für Hilfe und Aufbau: »Bei aller Bedeutung, die der Auswanderung der deutschen Juden insbesondere nach Palästina in den nächsten Jahren beizumessen ist, wird nach der bisherigen Entwicklung der Dinge nicht in Zweifel zu ziehen sein, dass ein großer Teil der deutschen Juden in Deutschland verbleiben muss.«

*

Silvester 1933. Als letzten Eintrag in diesem Jahr notiert Hertha Nathorff in ihr Tagebuch: »Aus dem Radio klingt die Neunte Symphonie von Beethoven! ›Seid umschlungen Millionen – diesen Kuss der ganzen Welt.‹ Aber wir, gehören wir dazu?«

Auf dem Bibelstern

Der Prinz von Theben geht. Und Grete Fischers »Lift-Alijah«

Viele ihrer Heimaten sind nicht mehr. Als 1890 ihre Mutter stirbt, »zerbrach der Mond«. Ihre beiden Ehen, die erste mit Berthold Lasker, die zweite mit Herwarth Walden, geschieden. 1927 verliert sie Paul, ihren einzigen Sohn. Er wurde außerehelich geboren. Bis zu ihrer Flucht am 19. April 1933 aus Berlin wohnt Else Lasker-Schüler nach jahrelang wechselnden möblierten Unterkünften im *Hotel Koschel* in der Motzstraße am Nollendorfplatz, wo nach der Novemberrevolution Ernst Rowohlt, Walter Hasenclever, Albert Ehrenstein und Oskar Kokoschka unterkommen – angezogen von der »stärksten und unwegsamsten lyrischen Erscheinung des modernen Deutschland«, als die der Wiener Kritiker Karl Kraus die Dichterin schon 1910 bezeichnet. Der Besitzer des *Koschel* stammt wie sein neuer Dauergast Else Lasker-Schüler aus Elberfeld an der Wupper, kennt ihren Bruder Moritz, ein »einziger Glücksfall«, so fühlt sie sich ein wenig aufgehoben. Doch dann lauern ihr immer wieder Hakenkreuz-Rüpel im Dunkeln auf, rempeln sie auf der Straße an. Einmal stürzt sie dabei bös, ihre Zunge muss genäht werden. Über viele Monate bleibt die Wunde ledern und hart, was sie mit Massagen zu lindern versucht. Der Hoteldirektor lässt durchblicken, dass er sie nicht mehr beschützen kann, es überdies die Ehre gebiete, angesichts der mörderischen Verhältnisse Deutschland den Rücken zu kehren. Ein überzeugendes Argument. Und so verstaut sie ihr Leben mit Jussuf, Prinz von Theben, in Koffer, Kisten, Körbe zum Aufbewahren in Kammern und auf dem Dachboden des Hotels. Bald würde sie ihre Habe wieder abholen, meint die jetzt Vierundsechzigjährige. Denn auch sie glaubt nicht daran, dass sich Goebbels & Co. lange halten. Mit der Reichsbahn fährt sie nach Zürich. Die Stadt an der Limmat ist ihr vertraut. Paul war sie es auch, durch seine Aufenthalte in Schweizer Sanatorien.

Else Lasker-Schüler hätte am 12. April 1933 auf der *Martha Washington* der italienischen Cosulich Lloyd, ehemals Austro-Americana, in Triest einschiffen können, jenem Eildampfer, mit dem sich Ruth Klinger, Mitbegründerin und Leiterin des jüdisch-literarischen Kabaretts *Kaftan*, am 17. April dem Hafen von Jaffa nähert. Aber das ist ein bloßes Gedankenspiel. Siebenhundert Passagiere sind an Bord, aus Deutschland emigrierende jüdische Männer, Frauen und Kinder. Sie singen die zionistische Hymne: »Solange im innersten Herzen / Eine jüdische Seele lebt / Und gegen Osten vorwärts schaut / Ein Auge gen Zion... / Ist unsre Hoffnung noch nicht verloren, / Die uralte Hoffung / Zurückzukehren in das Land / Unserer Vorfahren / In die Wohnstätte Davids.« Die Ufer Jaffas sind voller gefährlicher Riffe. Darum liegt die *Martha Washington* auf Reede, weit draußen auf dem Meer. »Wir stiegen auf kleine Boote um«, schreibt Ruth Klinger in ihren Lebenserinnerungen, die 1972 in einem Privatdruck erscheinen und zwei Jahrzehnte später unter dem Titel *Die Frau im Kaftan*. »Die arabischen Bootsleute wichen mit unglaublichem Geschick den riesigen Felsblöcken aus, die wie schwarze Ungeheuer aus dem Wasser ragten. Am Hafen war niemand, der sich der Ankommenden annahm, jeder hatte sich um sich selbst zu kümmern. Das Taxi, das uns mit unseren Koffern von Jaffa nach Tel Aviv brachte, kostete 30 Piaster, viel Geld, doch wir waren ja reich, besaßen ganze fünf Pfund. An Bord hatte man uns zu einem ›Künstler-Abend‹

aufgefordert. Da aber auf dem Schiff keine kommerziellen Gewinne erzielt werden durften, spielten wir zugunsten des Jüdischen Nationalfonds und erhielten aus der eingesammelten Einnahme den Spesenanteil, fünf Pfund.« Wir – das sind die Schauspielerin Ruth Klinger und der jiddische Volksliedsänger Maxim Sakaschansky, ihr Ehemann. Fünf Pfund – das sind Palästinensische Pfund, abgekürzt £ P und im Wert dem britischen Sterling Pfund entsprechend (oft findet sich auch die Bezeichnung Lira Pound, LP), ein Pfund hat hundert Piaster. »Mit sechs Pfund konnte ein Ehepaar einen ganzen Monat hindurch leben«, so *Die Frau im Kaftan.* »In den Kaffeehäusern zahlte man für eine Tasse Kaffee oder Tee einen halben Piaster.« Ende 1929 verabreden sich die beiden Bühnenkünstler im *Romanischen Café* zu ihrem ersten Rendezvous, im Februar 1930 eröffnen sie in Berlin ihr Lokal. »Und du wirst fihren die Administrazie«, schlägt Maxim seinem »Ruthele« vor. Beide bewundern die literarische Neuentdeckung Mascha Kaléko, vor allem aber Else Lasker-Schüler, die herausragende Vertreterin der expressionistischen Avantgarde. Gelegentlich sitzt auch sie im Zuschauerraum des *Kaftans,* lauscht den selbstverfassten satirischen Couplets, in denen Maxim, geboren in einem Schtetl in Weißrussland, die assimilierten Juden aufs Korn nimmt. Mit dem Jiddischen freundet sich Else Lasker-Schüler indes nie an. Sie fühlt sich dem Hebräischen verbunden, spricht es aber nicht.

Allein ihre Mittellosigkeit hätte es Else Lasker-Schüler unmöglich gemacht, eine Schiffspassage nach Palästina selbst zu bezahlen. In Zürich wird sie von der Jüdischen Gemeinde unterstützt, gewährt ihr das *Hospiz Augustinerhof* Unterschlupf. In einer Januarnacht 1934 bringt sie *Das Lied der Emigrantin* zur Welt, beginnend mit dem Vers:

Ruth Klinger 1927 in Berlin in einer Szene von Ossip Dymows
Frühlingswahn

Zeichnung von Else Lasker-Schüler aus ihrem Hebräerland *1937*

Es ist der Tag im Nebel völlig eingehüllt,
Entseelt begegnen alle Welten sich –
Kaum hingezeichnet wie auf einem Schattenbild.

*

Klaus Mann kündigt an, die lyrische Komposition, die Else
Lasker-Schüler 1943 in *Die Verscheuchte* umbenennen wird,
in der März-Ausgabe seiner Exilzeitschrift *Die Sammlung* zu
veröffentlichen. Als die Druckfahnen vorliegen, ist sie auf
eine private Einladung hin nach Ägypten unterwegs – mit
anschließender Reise nach Erez Israel, finanziert von der
Jewish Agency: »Auf den ersten Blick verliebte ich mich in
meinen weiß gekleideten Luxusdampfer ›Espéria‹. Ja, ich
konnte nicht erwarten, mit ihm durchzugehen! Spätlenze
wiegten meinen Meisterschwimmer über die Kornblume der
Welt. Ich lag in meiner Kabine weich wie im Moos gebettet
und doch auf ewigem Meer.« Am 22. März sticht die *Espéria*
des Lloyd Triestino von Genua aus in See. Nach knappen
zehn Tagen Aufenthalt in Alexandria steht die Weiterfahrt ins
Land des Gottesbuches auf dem Programm, »vom Stern zum
Sternbild über den Suez zu dem einigen einzigen Bibelstern:
Palästina!«

Beträchtliche Strecken legt Else Lasker-Schüler zurück, zu
Fuß, aber auch mit dem Omnibus, um »die grenzenlosen Fernen mit ihren Felspyramiden und schwindelnden Abhängen«
in sich aufzunehmen. Sie besucht Golgatha, »von Mohn-
blumen bewachsen«, entdeckt überall Steine, »Steine, die den
angelangten Juden, erzählt man in Palästina, bei ihrer Ankunft im Heiligen Lande vom Herzen gefallen«. Lobpreist
die Pioniere, die nicht nach Gold gruben, sondern nach Gott,
erfährt, dass es in der biblischen Landschaft keine Dämme-

rung gibt. »Also vom Ursprung der Welt her keinen Einbruch bleischwer in den lichten Tag. Ein göttlicher Beweis für die Erzheiligkeit Palästinas schon auf dem Plan der Schöpfung.« Gern würde sie in den Quellen Tiberias baden, die »wie die Geschmeide der vielen Prinzessinnen« strahlen, die einst in ihnen untertauchten. Oft trabt sie »wie das Wüstentier über den Sand« in die Kolonie Rechavia, um beim »liebreichen« Samuel Hugo Bergmann im »Zwillingsnest« vorbeizuschauen, jenem von Lotte Cohn entworfenen Doppelbau. »Nur mit den Dachluken gucken ihre beiden zusammengewachsenen Häuser über den Erdboden gerade; einige Stufen abwärts schlüpft man ins Innere.« Jerusalem, »Gottes verschleierter Braut«, schenkt Else Lasker-Schüler ihre größte Ehrfurcht und Aufmerksamkeit: »Denn die Stadt segnet den Menschen, der sich nach Segen sehnt, die fromme Stadt tröstet den, der getröstet werden möchte. (...) In dieser himmlischen Schöpfung wurde der erste Tempel gebaut.«

Am 30. Mai reist Else Lasker-Schüler von Haifa nach Europa zurück. »Ich bin auf dem Bibelstern gewesen, von dem Gott den nackten Stein brach, zu bauen alle anderen Welten.«

In der Schweiz, wo man ihr Asyl gewährt, aber nie eine Arbeitserlaubnis erteilt, beginnt sie mit der Niederschrift ihres Prosawerkes *Das Hebräerland* (1937), wie sie es aus ihrer Seelenwelt heraus sah: ohne Zwietracht zwischen Juden und Arabern. Ausgeblendet auch der meist wenig märchenhafte Einwanderungsalltag, über den Gerda Luft, die Korrespondentin der *Jüdischen Rundschau*, ihre Leserschaft auf dem Laufenden hält. Ein bedrückendes Thema schon seit 1933: die »Touristenjagd«. Dabei geht es um Reisende, die sich nach Ablauf ihres Visums, das auf maximal drei Monate begrenzt ist und den Nachweis von £ P 50 sowie ein Schiffsretourticket voraussetzt (häufig obendrein eine Kaution), weiterhin in

Palästina aufhalten. Die Mandatsregierung reagiert darauf mit Razzien, zum Beispiel in Jerusalemer Hotels, »meist um Mitternacht«. Für Gerda Luft beschämend und skandalös, bleiben doch Tausende Einreisegesuche wegen der begrenzten Zertifikate ohne jede Chance oder über Monate hinweg ohne Antwort. Um dem NS-Terror zu entkommen, harren darum viele, sobald im Rahmen einer Reise in der jüdischen Heimstätte erst einmal angekommen, noch eine Weile »illegal« aus, versuchen ihr Heil auf eigene Faust, schwebend »zwischen Himmel und Erde«. In ihrer *Chronik eines Lebens für Israel* (1983) entsinnt sich Gerda Luft, dass im Pass ihres Mannes, Viktor Chajim Arlosoroff, der für sie beide bei der Einwanderung 1924 galt, als Geburtsort Rechowot in Palästina eingetragen war, was aber nicht stimmte, doch nie ans Licht kam. Gegen deutsch-jüdische Einwanderer keimten damals bereits Ressentiments.

*

Unter der Bauaufsicht von Lotte Cohn wird die *Pension Käte Dan* im Frühjahr 1934 um eine dritte Etage aufgestockt. Gratulation! Schalom! Schon die Einweihung mit zwei Etagen, lichtem Foyer, eigenem Haustelefon in jedem der vierzehn Zimmer und Balkonen zum Meer, war 1933 in der Wochenschau der Berliner Kinos über die Leinwand geflimmert. Ein neuer Werbeprospekt stellt nun auf Deutsch und Hebräisch eine mustergültige, alle Erwartungen übertreffende palästinensische Hotelpension vor: »Die breite Terrassenfront dem erfrischenden Seewind zugewandt. Jedes Zimmer ist mit Überlegung eingerichtet, mit privatem Duschraum (kaltes und warmes Wasser) und direktem Zugang zur Terrasse. Meerwind und natürliche Ventilation schalten die Sommerhitze völlig aus, während in den Wintermonaten die Zentral-heizungs-Anlage für behagliche Durchwärmung aller Räume sorgt. Besonderer Wert wird auf die Verpflegung gelegt: Die europäisch geführte Küche (eine der modernsten elektrischen Anlagen in Palästina) erleichtert die Akklimatisierung. Man fühlt sich wohl bei KÄTE DAN.«

Letzteres war auch schon 1922 der Fall. In jenem Jahr eröff-net Käte Dan im galiläischen Bergdorf Safed, dem uralten Zentrum jüdischer Gelehrsamkeit hoch über dem Nordwest-ufer des Sees Genezareth, ihre erste Pension: herausgeputzt aus einem verfallenen arabischen Haus, »aufgeladen«, so Lotte Cohn, mit Humor und Leichtigkeit und jener Prise »Genie«, die Käte Dan eigen war. Nach den schweren Unru-hen 1929 schließt sie den Betrieb und verlässt Palästina. Doch schon nach wenigen Monaten kehrt sie 1930 zurück, mietet in Tel Aviv ein ebenfalls heruntergekommenes, aber verlockend nah am Meer gelegenes Objekt, bringt es mit Hilfe ihrer Architektenfreundin soweit machbar in Schuss: ein kleines Strandhotel! Mit vielen Mängeln behaftet, »kein Wasserhahn intakt«, bleibt es aber ein Provisorium. Daher 1933 der Wunsch, noch einmal von vorn anzufangen.

»Möglichkeitensucher«, von denen bereits die Rede war, steigen in der gepflegten Herberge ab. Zudem viele Touristen und Geschäftsleute, beispielsweise während der internationa-len Levante-Messe 1934 im Mai. Für dieses Ereignis werden große moderne Pavillons, Garten- und Wasseranlagen »im gelben Meer der Sanddünen« errichtet, »als ob sich die Geschichte Tel Avivs wiederholt«, berichtet Gerda Luft in der *Jüdischen Rundschau*. Zugleich verfolgt sie den Ausbau des Ende Oktober 1933 eingeweihten neuen Hafens von Haifa, in dem die meisten Gäste auch von Käte Dan nun von Bord stei-gen: »Lang streckt sich der große Wellenbrecher schräg ins

Käte Dan wirbt von Anfang an für ihre Pension wie im Reiseprospekt
Beautiful Palestine, *Tel Aviv um 1939*

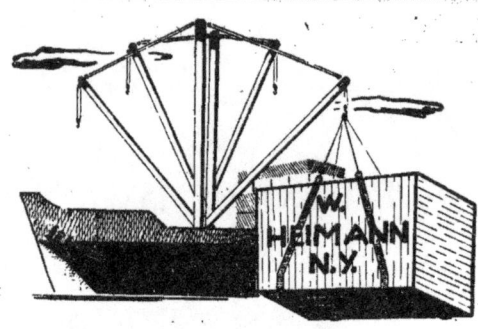
Die »Schachteln Gullivers« der »Liftmenschen« gelangen auch
andernorts über die Meere ins Exil

Wasser hinein. Er schneidet ein tiefes Stück aus der Bucht heraus, sturmsicher, am Tage weiß abgezäumt mit seinen zementierten Blöcken, nachts von einem hellen Lichterkranz umgeben. Die Zeiten, wo man Lasten und Menschen mit kleinen Booten mühsam ans Land schaffte, sind vorbei. Die Dampfer ankern direkt am Kai, man braucht nur die Schiffstreppe zu überqueren und steht auf festem Boden.«

Für jene Lasten und jene Menschen bilden sich zwei Begriffe, abgeleitet aus dem oft voluminösen Gepäck, das die Entwurzelten mit sich führen: den Lifts: »Ein Lift sieht genau aus wie die Schachtel Gullivers, in der er bei den Riesen wohnte, und genau wie diese von einem Adler aufgehoben und über das Meer getragen wurde – mit ihrem ganzen Inhalt an Einrichtungsgegenständen für den täglichen Bedarf – genau so werden diese Lifts mit Kränen an einem Ring aufgehoben und aus dem Schiff an die neue Küste befördert. Die Anzahl dieser Lifts (…) ist weitaus geringer als sie erscheint. Aber sie ist auffällig und bestimmt das Bild der deutschen Einwanderung so sehr, dass man den Namen ›Liftalijah‹ dafür erfunden hat und die Deutschen dieser Klasse die ›Liftmenschen‹ nennt.« Dies schreibt nicht Gerda Luft, sondern Joseph Amiel – ein Pseudonym von Grete Fischer, 1893 geboren in Prag. Die Tochter aus gutbürgerlichem jüdischen Hause erhält schon früh Geigenunterricht, über ihren musikalischen Vater und ihre ebenso musikalische Schwester Marianne lernt sie den Komponisten Max Reger, den Pianisten und Dirigenten Bruno Walter sowie den aufstrebenden dreiundzwanzigjährigen Dirigenten Otto Klemperer kennen, damals noch Chordirektor und Kapellmeister in Prag. Mit ihrem Vater singen die Schwestern im Deutschen Singverein Prag. »Wir hatten ein angeborenes Gefühl für Ton, Klang, Rhythmus«, so Grete Fischer später in ihrer »Darstellung von Menschen, die durch mein Leben wanderten«, mit dem Titel *Dienstboten, Brecht und andere* (1966), »die Terz war uns die angenehmste Harmonie«. Ihre Eltern streift sie darin nur am Rande, da sie sie als »selbstverständlich« empfindet, während »Menschen« für sie diejenigen sind, »die kommen, die nicht dazugehören«, und darum besondere Erwähnung verdienen. Zum Beispiel der Kunstsammler und Verleger Paul Cassirer, »P. C.«, bei dem Grete Fischer nach ihrem Studium der Literatur und Musik an der Karls-Universität Prag 1918 als Lektorin in Berlin ihre erste Stellung antritt. Schon bald wird ihr die Mitwirkung an der Edierung der zehnbändigen Werkausgabe von Else Lasker-Schüler anvertraut. »Das Verhältnis zu Else Lasker-Schüler war davon bestimmt, ob man an ihre Echtheit glaubte oder nicht. Ich habe daran geglaubt.« Eines Tages schenkt ihr Else Lasker-Schüler eine ihrer schönsten Zeichnungen, »›Jussufs Versunkenheit‹, die wir als Titelbild für die Gedichte verwendeten«. Wenige Wochen später erbittet sich die Dichterin die Zeichnung zurück, »schnitt die Widmung ›Grete Fischer. Der Immerlieben‹ einfach ab«, um das Blatt einem Geldgeber übereignen zu können. Als Einbandzeichnung der 1920 bei Cassirer erscheinenden *Hebräischen Balladen* existiert die heute verschollene Zeichnung aber immerhin noch und hat so wenigstens in dieser Form überlebt. 1924 wechselt Grete Fischer zum Ullstein Verlag. Zu den Menschen, die nun durch ihr Leben wanderten, gehört an erster Stelle Vicky Baum, die in der Weimarer Republik meistgelesene Schriftstellerin der jüngeren Frauengeneration. 1933 beabsichtigt Grete Fischer, nach England zu emigrieren, weil sie dort Freunde hat und nach einem Passabkommen als Tschechin kein Visum benötigt. Doch zuvor erkundet sie Palästina. Und zwar im Auftrag des Pariser Exil-Verlages Europäischer Merkur, dessen Streitschriften-Reihe von Au-

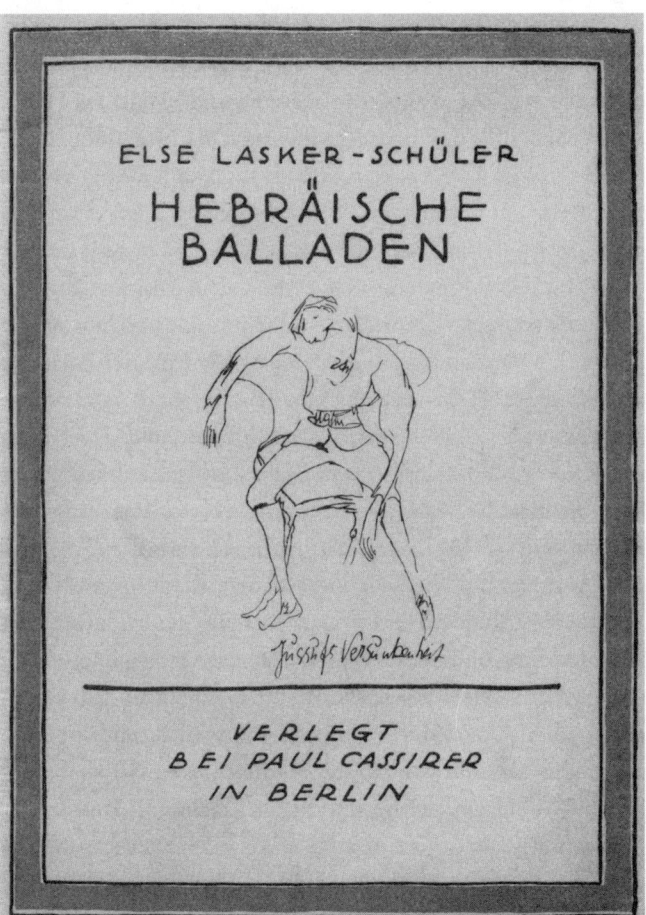

Deckblatt, Berlin 1920

toren wie Lion Feuchtwanger, Heinrich Mann und Rudolf Olden um *Palästina. Das erlaubte Land* (1934) vervollständigt werden soll.

Die Überfahrt von Triest nach Jaffa auf dem Passagier-Frachtdampfer *Tevere* des Lloyd Triestino ist Grete Fischers erste Seereise. Sie genießt die Meeresszenerie mit den Häfen von Venedig, Bari, Rhodos, Athen und Konstantinopel, wo die *Tevere* vor Anker geht, sofern sie für Momente den Anlass ihrer Reise vergessen kann. Während der elftägigen Fahrt bis nach Jaffa unterhält sich Grete Fischer im Speisesaal und an Deck mit den Passagieren. »Manche haben Mut und Lust zu einem Abenteuer, viele andere sind sehr müde und mürbe und hoffen, ohne es eigentlich glauben zu können, nur auf Frieden.« Unter den Reisenden sind auch Ehepaare, die erst seit Kurzem und lediglich formal verheiratetet sind. Ehefrauen brauchen nach den Bestimmungen der Mandatsregierung kein eigenes Zertifikat, was Scheinehen wie Pilze aus dem Boden schießen lässt. »Das war natürlich verboten. Aber die den Arabern zuliebe sehr enge Pforte der Einwanderung musste irgendwie erweitert werden.« Bei der Ankunft statt Erleichterung und der erhofften raschen Abfertigung: »Warten, müdes Warten in den überfüllten Gängen auf dem Schiff, in den überfüllten Zimmern der Passkontrolle. Eindringliche, manchmal sogar etwas heimtückische Fragen: ›Sie sind Tourist? – Wann kommt Ihre Frau nach?‹ Denn ein Tourist, der seine Frau nachkommen ließe, wäre suspekt. Er stünde in dem schlimmen Verdacht, im Lande bleiben zu wollen, ehe er ›legalisiert‹ ist. Ist es das erlaubte Land? Wenn alles in Ordnung ist: das Einwanderungszertifikat, Impfung, Zoll, der Bootsmann bezahlt, das Gepäck beisammen, das Geld vorgewiesen, wenn man nicht noch an der Klippe gescheitert ist, keine Adresse der ersten Nächtigung angeben zu können –

dann ist es erst einmal erlaubt. Es sind Stunden vergangen, die meisten wissen nicht, wo sie schlafen werden.« Geld vorweisen – auch dies ein neuer Begriff – bedeutet, das für ausgewählte Zertifikatskategorien in bestimmter Höhe festgelegte »Vorzeigegeld« bar in Palästinensischen Pfund dabei zu haben. Und was ist mit den Lifts, die in der Regel nicht auf demselben Schiff wie die dazugehörigen »Liftmenschen« nach Palästina gelangen? Wer schon ein eigenes Dach über dem Kopf hat, wird von der Spedition benachrichtigt. Häufig passiert es allerdings, dass das Frachtgut aus Unkenntnis an den falschen Hafen adressiert worden ist oder versehentlich an falscher Stelle ausgeladen wird. »Nun sausten die unglücklichen Frachtbesitzer von Jerusalem nach Haifa, während ihre Ware in Jaffa lag und umgekehrt. Sie bekamen falsche Auskünfte und verwirrten die ohnedies nicht mehr vollkommene Ordnung in den verschiedenen Filialen der Spediteure. Sie fanden verzweifelt zerbrochene Kisten offen stehend, im Zollschuppen oder im ersten Herbstregen auf der Verladerampe. Aber es kam auch vor, dass eine Sendung, die wirklich pünktlich eintraf, den Besitzer unglücklich machte, der noch keinen Raum zur Verfügung hatte und unter Umständen sein gesamtes Mobiliar unter freiem Himmel aufstellen musste. Ein Wächter mit großer Fellmütze schlief, die Flinte im Arm, tagelang auf einem Plüschsofa unterm Sternenhimmel.«

*

Schon in ihrem Weihnachtsheft 1933 greift die *Jüdische Rundschau* die Lift-Alijah in einer eigenen »Palästina-Bildbeilage« auf: »Eine Einwanderung solcher Art, wie jetzt, hat Palästina bisher nicht gesehen. Es kommen nicht nur Menschen, es kommen Möbel, Möbel, Möbel, alle verladen in den wohlbekannten Lifts«, bedruckt mit den Anschriften der Spediteure, die sie verpackten und auf den Weg gebracht haben. Darunter auch jene Firma, die mit emsigen Packern gestaltete Anzeigen in der jüdischen Presse schaltet: »Zieh' aus, zieh' ein – mit Silberstein!« Umfunktioniert zu Verkaufsbuden, Baubuden, Garagen, Übernachtungshütten finden sich die Lifts (in den Standardmaßen 300 x 200 x 200 und 500 x 200 x 220 Zentimetern) auf freien Flächen, an Mauern oder Kaktushecken. »Ein palästinesisches Kind, das einen Spaziergang durch die Straßen macht, kann deutsche Geographie lernen, wobei es hoffentlich die Namen der Spediteure nicht mit den ihm sicher vielfach unbekannten Orten verwechselt.«

*

Im Herbst 1934 lebt Gabriele Tergit seit anderthalb Jahren in Jerusalem. Und auch sie, von klein auf intensive Bibelleserin, empfindet Palästina als »Bibelstern«, wenngleich völlig anders als Else Lasker-Schüler. »Mir sind die Propheten liebe Freunde geworden. Ich habe von Jesaja gelernt: Folge nicht dem großen Haufen nach, richte dich nicht nach dem Urteil der Menge«, erzählt sie Jahrzehnte später dem Publizisten Henri Jacob Hempel in einem Gespräch, dessen Typoskript im Deutschen Exilarchiv verwahrt wird. Für die *C.V.-Zeitung* schreibt Gabriele Tergit politische wie auch poetische Essays über Palästina. In einem ihrer eindrücklichsten beleuchtet sie die geografische Lage der »heroischen Landschaft des Bibelbildes«, veröffentlicht im September 1934: »Dort drüben liegt Griechenland. Braune Segel, Fischer und Schiffe seit Odysseus, Klippen und Inseln, tausend Inseln, tausend Häfen, Meer und Land umarmen sich. Meer dringt vor und

Annoncen aus dem Korrespondenzblatt Jüdische Auswanderung,
Herbst 1937, und aus der Informationsbroschüre Alijah, *April 1935*

Land weicht zurück. Land dringt vor und Meer weicht zurück. Dasselbe Meer ist hier. (...) Aber vor Palästina liegt eine Sandbank, dahinter erst leben die Fische, Krabben und Hummer. Das Meer ist tot an der Küste Palästinas. Das Gesicht des Landes ist nach der Wüste gekehrt. Auch die Juden kamen einst von der Wüste her. (...) Zum ersten Mal in seiner Geschichte wird es jetzt vom Meer her besiedelt.«

Fünfunddreißig

In diesem Land, dem unser Herz gehört

Noch ahnt es gewiss niemand. Doch nach dem dritten Sommer der nationalsozialistischen Herrschaft wird das Attribut »deutsch« in Zusammenhang mit Juden und Jüdinnen ausradiert sein, wird allein die Formulierung »Juden in Deutschland« geduldet werden, der »Jude« zum bloßen Staatsangehörigen deklassiert. Und bis dahin?

Schon seit 1934 hält die trügerische Vermutung an, dass sich die politische Stimmung beruhigt, auch wenn die Luft zum Atmen dünn geworden ist und die Armut in der jüdischen Bevölkerung beklemmende Ausmaße annimmt. Der Druck, auszuwandern, lässt deutlich nach, was sich in sinkenden Auswanderungszahlen bemerkbar macht. Hingegen nimmt die Binnenwanderung zu. Viele Junge ziehen aus Dörfern und Kleinstädten in die Anonymität der Großstadt, wo sie glauben, sich vor den täglichen Schmähungen besser schützen zu können. Für die Zurückbleibenden, die Älteren, bedeutet dies zumeist, nun ein Leben in Einsamkeit zu führen. Bis 1937 werden von den rund tausendsechshundert jüdischen Gemeinden in Deutschland über zweihundert aufgelöst sein. Über die Hälfte der zunächst noch existierenden ist auf Unterstützung von außen angewiesen und wird zu Notstandsgemeinden erklärt. In diese Tristesse kehren geschätzte siebentausend Emigrierte in ihre deutschen Heimatorte zurück, vornehmlich aus Frankreich. Denn die Arbeitserlaubnisse ausländischer Arbeitskräfte werden von den französischen Behörden kaum noch verlängert, neue überhaupt nicht mehr ausgestellt. In einem Interview für das Buch ›*Wenn ich schon ein Fremder sein muss ...*‹ *Deutsch-jüdische*

Emigranten in New York (1983) erzählt Hilde Marx, die ab 1934 als Journalistin für die *C. V.-Zeitung* tätig ist: »Es gibt Leute, die sich heutzutage rühmen: ›Ich bin schon ’33 rausgegangen. Ich verstehe gar nicht, warum andere so lange gewartet haben.‹ Solchen Leuten könnte ich fünf Stunden lang Antworten geben, denn sie haben keine Ahnung von dem wirklichen Leben, das unendlich kompliziert sein kann.« Hilde Marx bekommt schon in der Festspielstadt Bayreuth, wo sie 1911 in einem jüdischen Elternhaus geboren wird, auf der Straße zu spüren, dass sie »nicht dazugehört«. Mit allen vier Wagner-Enkeln (Wieland, Friedelind, Wolfgang und Verena), den Kindern von Siegfried Wagner und seiner Ehefrau Winifred, besucht sie das Humanistische Gymnasium. Eines Tages wird sie angespuckt: »Es stinkt nach Knoblauch, haben die Wagnerkinder gesagt.« Geschehen Mitte der zwanziger Jahre als Adolf Hitler bereits regelmäßig in der Wagner’schen Villa Wahnfried zu Gast war.

Lieder und Gedichte ziehen Hilde Marx an wie Blütennektar die Bienen, kaum, dass sie lesen und schreiben kann. Mit vier, fünf Jahren beginnt sie selbst zu reimen und Verszeilen mit Buntstiften zu malen. Ihr Vater, der in Bayreuth ein Textilgeschäft betreibt und sich als »Assimilant« versteht, bewahrt die literarischen Kleinode auf. Auch ihre tschechische Mutter, eine treue Synagogenbesucherin, hat große Freude an Hildes Talent und fördert es. Zum Abitur überraschen die Eltern ihre Tochter mit einer Wien-Reise als Geschenk. Angeregt von den Kunstschätzen der Donaumetropole und ihren Museen, möchte Hilde Kunstgeschichte studieren, kombiniert mit Zeitungswissenschaften, und zwar in Berlin, wo Emil Dovifat, seit 1928 Direktor des erst wenige Jahre zuvor gegründeten Deutschen Instituts für Zeitungswissenschaft, an der Friedrich-Wilhelms-Universität

Hilde Marx um 1935 in Berlin

Publizistik lehrt. Als Nazi-Horden 1933 den Hörsaal seiner Vorlesung stürmen, trägt er Hilde auf seinen Armen bis auf den Campus hinaus, damit sie sich unbeschadet davonmachen kann. Für das Wintersemester 1933/34 plant sie ihren »Dr. phil.«, doch daraus wird nichts mehr, als Jüdin wird sie zwangsexmatrikuliert.

Mit einem »phantastischen Einführungsbrief« vermittelt Emil Dorvifat seiner ehemaligen Studentin den Kontakt zur Redaktion der *C. V.-Zeitung* in Charlottenburg, Emser Straße 42. Hilde Marx wird als freie Mitarbeiterin engagiert. Zu einem ihrer ersten Artikel trifft ein Leserbrief aus Chicago ein. Der Absender bittet um die Adresse der Schreiberin. »Ich habe gedacht: Schaden kann's nicht, wenn ich antworte. Ein zweiter Brief von diesem Mann war kurz gehalten: ›Ich weiß nicht, ob sie alt oder jung sind. Ich weiß von Ihnen gar nichts. Ich weiß nur, dass jemand, der so schreibt, nicht ins heutige Deutschland gehört. Möchten Sie nicht nach Amerika kommen? Ich biete Ihnen ein Affidavit an.‹ Da habe ich dem Herrn zurück geschrieben, mich bedankt und gesagt: Nein, danke, ich bleibe hier. Daraus hat sich eine lange Korrespondenz entwickelt, die mich entnervt hat, weil ich gefühlt habe, der Mann hat ja Recht. Das ging so weit, dass ich nicht mehr geantwortet habe, was sehr ungezogen war, aber ich konnte nicht mehr.

Schließlich, nachdem ich längst aus Deutschland war, erreichte mich über viele Stationen wieder ein Brief von diesem alten Herrn. Er schrieb: ›Ich weiß genau, warum Sie mir nicht mehr geantwortet haben. Ich möchte Sie nun bitten, mir eine Frage zu beantworten. Sehen Sie es immer noch nicht ein?‹ Da habe ich geschrieben: Ja, ich sehe es ein, aber ich habe keine Möglichkeit. Der nächste Brief brachte mir sein Affidavit. Das wurde vom amerikanischen Konsul in Prag abgelehnt, weil der Mann zu alt, nicht mit mir verwandt war, und sein Bankkonto betrug nur 300 Dollar. Also, das ist ein Märchen für sich. Schließlich bin ich doch mit dem Affidavit dieses Mannes in die USA gekommen.«

Aber bis dahin sollen noch drei Jahre verstreichen. Im Mai 1935 wird Hilde Marx für einen Sprechgesang mit dem Ersten Literaturpreis der Jüdischen Gemeinde Berlin geehrt. *Chor der jüdischen Frauen in Deutschland* heißt das nicht ganz einfache Werk, das die Vierundzwanzigjährige eingereicht hat. Manch einem erscheinen die Strophen zu schwülstig, andere zeigen sich begeistert und berührt. Die *C.V.-Zeitung* druckt den Chor ab, besetzt mit einer Ersten Stimme, einer Zweiten, dazu »Stimmen der alten Frauen«, »Stimmen der jungen Frauen« und »Stimmen der Mädchen«, im Ausdruck von »hell, aber ernst«, über »dunkel und schwerer«, »getragen« und »leuchtend«, bis hin zu »beschwörend« am Schluss die Stimmen aller Mädchen und Frauen:

In diesem Land, dem unser Herz gehört,
muss auch der Kreis des Lebens sich vollenden.

✻

Bleiben oder Fliehen? Heimat oder Exil? Um diese Frage drehen sich mehr und mehr Diskussionen. Dabei stehen sich nicht allein Zionisten und Nicht-Zionisten gegenüber. Handfeste Probleme, weit vorn die Reichsfluchtsteuer, belasten die jüdische Bevölkerung. Im Dezember 1931, bei der Einführung der Steuer, dient sie dem »Schutz der Wirtschaft, der Finanzen und dem inneren Frieden«, indem Kapitalfluchten ins Ausland verhindert werden sollen. Zielgruppe sind speziell Spitzenverdiener, die ihren inländischen Wohnsitz aufgeben. Das bedeutet: Personen mit einem Jahreseinkommen ab 20.000 Reichsmark (RM) und einem Vermögen von über 200.000 RM haben ein Viertel ihres steuerpflichtigen Vermögens als Reichsfluchtsteuer zu entrichten. Ausgenommen sind von der Verordnung jene, deren Auswanderung im »deutschen Interesse« liegt.

Laut einem Runderlass des Reichsfinanzministeriums vom Juli 1933 ist »die Auswanderung von Juden« ausdrücklich »erwünscht« und darf »nicht unterbunden« werden. Unschwer erkennbar liegt demnach die jüdische Auswanderung im nunmehr nationalsozialistischen »deutschen Interesse«. Demokratische Hinterlassenschaften aus der Weimarer Republik sind den Diktatoren indes keinen Pfifferling wert. Folglich wetzen sie aus der Reichsfluchtsteuer ein messerscharfes Instrument, um sich am jüdischen Vermögen zu bedienen. Im Mai 1934 wird die Freigrenze von 200.000 RM zudem auf 50.000 RM herabgesetzt. Stichtag für die Zahlung ist das Datum der Aufgabe des inländischen Wohnsitzes. Bei Zahlungsverzug drohen Zuschläge, die sich vierzehntäglich vervielfachen und schließlich im Strafdelikt der Steuerflucht gipfeln. »Das Finanzamt erlässt zu diesem Zweck einen Steckbrief und belegt das Vermögen des Steuerpflichtigen, soweit es sich im Inland befindet, mit Beschlag.« Bis 1936 fließen allein durch die Reichsfluchtsteuer 153 Millionen RM in die NS-Staatskasse. Eine weitere Quelle tut sich im Juli 1934 auf, als die Reichsstelle für Devisenbewirtschaftung die Höhe der zuzuteilenden ausländischen Währung von 10.000 RM auf 2.000 RM senkt – zu hanebüchenen Kursen.

Angesichts der forcierten Enteignung stellt der Zentralausschuss für Hilfe und Aufbau in seinem Jahresabschlussbericht 1934 fest, dass »das soziale Schicksal des deutschen Judentums« ganz wesentlich von der Fortsetzung seiner erfolgreichen Tätigkeit abhängt. Diese sei aber nur durch »äußerste« Rationalisierung in der Organisationsstruktur und Sparsamkeit in der Verwaltung zu garantieren. Nach reiflichen Überlegungen wird die Reichsvertretung der deutschen Juden, die seit September 1933 bereits als allgemeine Repräsentanz agiert, ab 1. April 1935, genau zwei Jahre nach dem »Judenboykott«, zum neuen schützenden Dach, auch für den Zentralausschuss. Die *Informationsblätter* erscheinen weiterhin, herausgegeben nun von der Reichsvertretung, mit entsprechend geänderter Kopfzeile im Layout.

*

Inzwischen gab Mascha Kaléko ihren Job im Arbeiterfürsorgeamt in Berlin-Mitte auf und schreibt für jüdische Zeitungen. Die übrige Presse verbreitet nur noch braun Durchtränktes, das sich wie eine Kloake über die Lande ergießt. *Das Kleine Lesebuch für Große. Gereimtes und Ungereimtes*, Maschas zweite Buch, erscheint zwar noch Ende 1934, wieder bei Rowohlt und wieder mit sensationellem Erfolg, wird aber 1935 zusammen mit ihrem *Lyrischen Stenogrammheft* von den Sachverwaltern des »deutschen Ungeistes« bald verboten und vom Markt gefegt. Nach ihrem Artikel über den ersten »Hebräischen Abend« 1933 im Logenhaus schickt das *Israelitische Familienblatt* Mascha Kaléko ein Vierteljahr später zur Premiere der ersten Berliner Palästina-Ausstellung am selben Veranstaltungsort. Anschaulich schildert sie, was auf Diagrammen, Tafeln, Fotos über »dieses merkwürdige alte neue Land« zu sehen ist und was nicht: »die ›Atmosphäre‹, all das ›Drumherum‹, das, was man bei einem Buch ›Zwischen den Zeilen‹ nennt«. Am Ende macht sie auf das kleinste Exponat aufmerksam: »Ein vergilbtes Andachtbuch aus Urväter-

zeit, in das zwischen den frommen Sprüchen die getrockneten ›Blumen aus dem heyligen Land‹ eingeklebt sind. Eine Art
›Erez-Israel-Herbarium‹ aus den Tagen unserer Großmütter.«

Auch die *Jüdische Rundschau* hält weitere Aufträge für ihre
beliebte Autorin bereit: eine Reportage an Bord der *Roma*
nach Palästina im Frühjahr 1935 – für Mascha Kaléko ein
Erlebnis von außergewöhnlicher Besonderheit. Mit ihrem
gewohnt sprühenden Esprit liefert sie eine »Gebrauchsanweisung für Neuankömmlinge« und empfiehlt für die Ankunft im schönen »Trieste«, sobald man aus dem Zug gestiegen ist: »Nun lauf ein bisschen in der Stadt umher, treib
dich auf dem Fischmarkt und am Hafen herum. Frag irgendeinen Burschen nach der ›Mole‹ in deinem allerbesten Italienisch, er wird dir in seinem allerbesten Deutsch Antwort
geben: ›Ah, Schie wollen su die Hafen, su die Roma, si?‹«
Siebzehnhundert Passagiere haben die Reise gebucht, besteigen den Ozeanriesen der Italia Flotte Riunite, das Schiffspersonal dirigiert Stapel von »Bagagli, Bagagli!«, Gepäck vom
»schweinsledernen Schrankkoffer für die Luxuskabine bis
zum unscheinbaren Bündel für das Auswandererdeck«. Die
Bordgesellschaft besteht nämlich aus »a) ›Rübergehern‹ und
b) ›Rüberfahrern‹«, wie Mascha sie nennt. Zu den »Rübergehern«, rund sechshundert an der Zahl, gehören »Chaluzim
mit kleinem Gepäck und großem Optimismus, wohlbeleibte
Herren mit großem Gepäck und kleinem Optimismus und
Chassidim aus Polen, langbärtige Juden im Kaftan mit beinahe gar keinem Gepäck. (…) Sie sitzen schweigsam auf ihren
Holzbänken in den unteren Schiffsräumen. Sie stehen einsam
und stumm auf diesem großen Dampfer, der sie nach Erez
Israel bringen soll.« Die Mehrheit der »Rüberfahrer«, erkennbar an ihrem »funkelnagelneuen« Blauweiß-Dress, reist

Kai im Hafen von Triest

Annonce aus der Informationsbroschüre Alijah, *Februar 1936*

zur Makkabiah, dem zionistischen Pendant zur Olympiade, die nach 1932 jetzt zum zweiten Mal in Palästina ausgerichtet wird. »Man sieht sie bereits auf Deck trainieren. Boxkämpfe werden improvisiert, sie führen Gymnastik vor auf dem Sportdeck, Fechtturniere und Fußballmatches wechseln sich ab. Sie schwimmen oben im ›Lido‹-Bassin, springen, laufen und turnen, kurzum, sie fühlen sich durchaus als das, was sie auf diesem Schiff darstellen: Hauptpersonen.« Die restlichen Passagiere, um die dreihundert, beabsichtigen auszukundschaften, ob im Gelobten Land »wirklich Milch und Honig fließen«. Sie relaxen rauchend im Schiffssalon, blättern in ihren Reiseführern, dekorieren die Liegestühle an Deck, »und wenn das Meer eine leichte Brise empor schickt, breiten sie die wollene Decke behutsam über die Bügelfalte«. Bei der Abreise am 28. März, einem »Prachtexemplar von südlichem Sommertag«, werden Kameras gezückt, Taschentücher flattern, Tränen, Lachen, »alles war wie im Roman«. Beim Erreichen der Bucht von Haifa am 31. März schallt aus dem Unterdeck: »›Anu banu arza …‹ Sie singen alle mit und tanzen. ›Anu … banu … arza …‹ – ›Wir kommen in das Land‹. Wir kommen in das Land. D i e s   i s t   d a s   L a n d …« – 5. Buch Mose, Kapitel 34: »… das Land, das ich Abraham, Isaak und Jakob geschworen habe …«

Ende August 1935 bringt die *Jüdische Rundschau* eine weitere Reportage von Mascha Kaléko heraus. Thema: Das Palästina-Amt. Denn noch immer wissen viel zu wenige über die Institution Bescheid. »›Palästina-Amt? – Gehen Sie mir mit Ihrem Palästina-Amt! Ein Schwager von mir, dessen Nichte, und von der der Verlobte, wissen Sie, seit Wochen wartet der Mann auf sein Zertifikat …!‹ Fangen wir gleich damit an.« Und wieder nimmt Mascha Kalékos augenzwinkernde Art gefangen, es gelingt ihr sogar, die Aversion gegenüber jener

»ganz und gar verwerflichen Institution« ein Stück weit abzubauen. Denn freiwillig mag wohl kaum einer »irgendwelchen fremden Menschen hinterm Schreibtisch« zu höchstpersönlichen Dingen Rede und Antwort stehen, zumal es einzig und allein darum geht: auszuwandern! Und das möglichst schnell! Wären noch jene seltsamen Vögel zu erwähnen, die nach Mascha Kalékos Recherchen die Vorstellung zu haben scheinen, das Palästina-Amt sei ein Automat: »Rechts wirft man das Antragsformular ein – links kommt das Zertifikat fix und fertig heraus…« Woher sonst jene Körbe voller Briefe: »Bitte um umgehende Übersendung eines Zertifikats per Nachnahme.« Hier ist Klärung angesagt.

Irrtum Nummer eins: das Zertifikat. Ein einheitliches Zertifikat für alle gibt es nicht. Die Jewish Agency unterscheidet vielmehr verschiedene Kategorien, unterteilt in A bis D für »Personen mit eigenem Vermögen«, »Personen, deren Existenz in Palästina gesichert ist«, »Personen, die sichere Aussicht auf Beschäftigung haben« sowie »Angehörige von palästinensischen Einwohnern«. Innerhalb dieser Kategorien wird weiter differenziert, beispielsweise unter A zwischen A 1: Personen, die ein Kapital von mindestens £ P 1.000 besitzen, genannt »Kapitalisten« oder auch »Tausendpfündler«, A 2: Freiberufler mit mindestens £ P 500, A 3: Handwerklich Ausgebildete mit nicht weniger als £ P 250 sowie A 4 und A 5 mit jeweils eigenen Definitionen. Bezüglich A 2 und A 3 hängt eine Zertifikatserteilung ferner davon ab, inwieweit der betreffende Beruf für Palästina einen Nutzwert hat. Innerhalb der Kategorie B wird zwischen Waisenkindern, Angehörigen geistlicher Berufe, Jugendlichen und Studierenden unterschieden. Strikte Altersgrenzen (Ausnahmen bestätigen die Regel) gelten für die »Arbeiterzertifikate«, der für das Palästina-Amt wichtigsten Kategorie C. Fehlt noch D…

Irrtum Nummer zwei: umgehend und per Post. Von der Antragstellung bis zur endgültigen Entscheidung sind Geduld und Nerven gefragt. Jeder Fall wird gründlich überprüft, wobei die gesundheitliche und berufliche Eignung im Mittelpunkt steht. Außer der fachlichen Qualifikation werden vor allem Sprachkenntnisse verlangt: an erster Stelle in Hebräisch, an zweiter in Englisch, auch ein Grundwortschatz in Arabisch ist vorteilhaft.

Seit der Einrichtung der drei großen Abteilungen (der Beratungs-Abteilung, der Zertifikats- und der Passage-Abteilung), die 1933 über Nacht notwendig geworden waren, »läuft« im Unterschied zu den vergleichsweise ruhigen Jahren zuvor »ein regelrechter Betrieb«, beobachtet Mascha Kaléko in der Meinekestraße 10: »Da rasseln Telephone, da klappern Schreibmaschinen. Da wird registriert und kartothekisiert, nummeriert und aussortiert. Da rasen mappenschwingende Kontoristinnen durch die langen Korridore. Da werden Fragebogen verteilt, Auskünfte gegeben.« Wirtschaftsexperten beschaffen Expertisen für Baugrundstücke, klären über Siedlungsprojekte, Ausfuhrzölle, Mieten, Haushaltskosten und Stromtarife in Palästina auf. Fachjuristen helfen durch das von der NS-Bürokratie gezüchtete Dickicht devisenrechtlicher Bestimmungen und erledigen Formalitäten um den vertrackten und sich laufend ausweitenden Komplex: Kapitaltransfer, Anmeldung des Vorzeigegeldes bei der Reichsbank, Beantragung von Unbedenklichkeitsbescheinigungen beim jeweils zuständigen Finanzamt zum Nachweis für die nationalsozialistischen Kontrollinstanzen, dass keine Steuerrückstände offen sind. Und damit noch lange nicht genug.

Wie in den Beratungsstellen des Hilfsvereins sprengt der Andrang auch die Kapazitäten im Palästina-Amt. Bis zu zweihundertfünfzig Beratungen finden täglich in den Abtei-

lungen statt, Telefonanrufe und schriftliche Korresponden-
zen nicht mitgezählt. Ähnliche Volumen melden die rund
zwei Dutzend Zweigstellen, addiert von dreihundertfünfzig
Vertrauensstellen. Der Besucheransturm spiegelt sich auch im
Interesse an der Broschüre *Alijah* wieder, die das Palästina-
Amt im April 1935 in der siebten Auflage fertigstellt, gestaltet im DIN-A4-Format, hundertzwanzig Seiten stark und
erstmals bestückt mit einer herausklappbaren Palästinakarte.
Achtundvierzigtausend Exemplare wurden seit der Erstauf-
lage im April 1933 verkauft. Sie hatte einen Umfang von
zwölf Seiten, bestehend hauptsächlich aus einer Übersicht der
Zertifikatskategorien und gefragter Berufe für Männer (Mau-
rer, Stukkateure, Steinhauer und Fliesenleger) wie für Frauen
(vor allem landwirtschaftliche Kräfte für den Gartenbau und
die Bienenzucht). Die dritte Auflage mit doppelter Seitenzahl
kam schon im August 1933 heraus, darin neu: Angaben zum
Klima und zur Geographie, zu Münzen, Maßen, Gewichten
sowie ein Katalog zur Mitnahme von Möbeln und Haus-
haltsgerät, Autos und – ja! – Hund. Passagekosten »etwa 30
RM (ohne Verpflegung).« In der vierten Auflage der *Alijah* im
Oktober 1933, jetzt mit sechsunddreißig Seiten, fallen die
deutlich mehr gewordenen Annoncen auf, sei es zur Deutschen Levante-Linie des Norddeutschen Lloyd oder von der
Deutschen Kupferhaus-Gesellschaft, die schmackhaft machen will: »Kauft Kupferhäuser für Palästina. Zerlegbar, in
wenigen Tagen aufzustellen, durch patentierte Isolierung
wärmeunempfindlich, daher stets angenehm kühl.« Neu
außerdem: »Vor dem Kofferpacken lesen!« – eine Auflistung
zweckmäßiger Kleidung (aus hellen Waschstoffen, Wolle
oder Flanell), Kopfbedeckung (Strohhut und Schirmmütze
statt »geckenhaftem« Tropenhelm) sowie »Beschuhung«
(strapazierfähige Stiefel wie auch Sandalen aus Leder oder

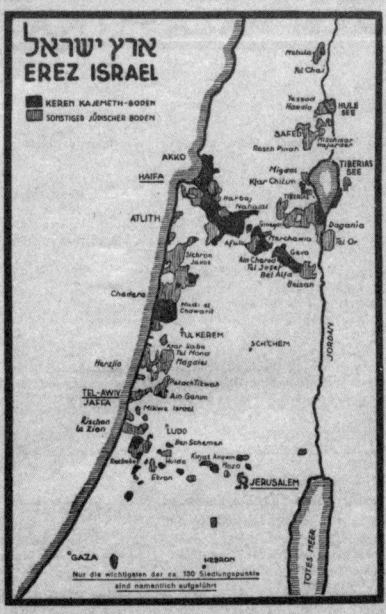

אַרץ ישׂראל
EREZ ISRAEL

KEREN KAJEMETH-BODEN
SONSTIGER JÜDISCHER BODEN

Neueste Ausgabe

Oktober 1933
4. Auflage
Preis RM 0,75
(36 Seiten stark)

ALIJAH

Informationen für Palästina-Auswanderer

Herausgegeben vom Palästina-Amt der Jewish Agency of Palestine, Berlin W15
Meinekestraße 10 · Tel.: J1 Bismarck 7165

Nähere Auskunft erteilen:
In HAMBURG: Deutsche Levante=Linie u. Deutsches Seefrachtenkontor G. m. b. H., Mönckebergstr. 7
In BREMEN: Norddeutscher Lloyd, Abteilung Levante, Lloyd=Gebäude und
Böning & Co. m. b. H., Schiffsmakler, Langenstr. 104-106

Annoncen aus der Informationsbroschüre Alijah, *Oktober 1933*

Leinen). Halbfett gesetzt: »Die Mitnahme geeigneter Damen-wäsche ist von größter Wichtigkeit. Wenig geeignet für das warme Klima sind nicht-saugfähige Seidentrikot- und Kunst-seidenstoffe. Man wählt besser leichte Leinen-, Batist- und Opalstoffe. (...) Auch für den Mann ist es empfehlenswert, gut haltbare und poröse Unterwäsche zu tragen, zum Teil in Wolle oder Makko, um gegen die starken Temperatur-schwankungen geschützt zu sein.« Ebenfalls hinzugekom-men sind Ratschläge zur »Gesundheitsfürsorge« an Bord: »Nach Möglichkeit suche man sich einen luftigen Platz in der Mittellage des Schiffes, nehme dort eine bequeme Liegestel-lung ein und vermeide durch Umhergehen oder Umhersehen die schon vorhandene Gleichgewichtsstörung zu vermehren. In besonderen Fällen wende man sich an den Schiffsarzt.«

Abenteuerlich mutet in der sechsten Auflage der *Alijah* im Oktober 1934 eine Autoroute von Berlin nach Jerusalem an. Länge: viertausendzweihundert Kilometer. Das Palästina-Amt arbeitet die Strecke über die Tschechoslowakei, Ungarn, Bulgarien, die Türkei und Syrien auf Drängen vieler Ratsu-chender aus, unterstreicht aber, dass nur »gesunde, wider-standsfähige Menschen« die Strapaze auf sich nehmen sollten, zudem müsse man sich auf unpassierbare Straßen einstellen, auch auf Verwehungen und Schlamm, weshalb »Spaten und Bohlen« im Kofferraum unverzichtbar seien. Und was bieten die inzwischen hundert Seiten der *Alijah* noch? Ein Sach-register mit knapp zweihundertfünfzig Begriffen, detaillierte Schiffsfahrpläne und die stolze Bilanz, dass das Palästina-Amt bisher »7.500 Menschen zur Übersiedlung verholfen hat«. Wer die Kosten für die Zertifikatserteilung, das Gesundheits-attest, Visum, Kopf- und Hafensteuer sowie das Schiffsticket nicht aufbringen kann, erhält einen Zuschuss auf Darlehens-basis. Seit Februar 1935 belebt Konkurrenz das Geschäft: die

Tel Aviv – das erste »jüdische Schiff – koschere Schiff« der vom Hamburger Reeder Arnold Bernstein gegründeten Palestine Shipping Co. Ltd. mit Sitz in Haifa, Abfahrtshafen nach Palästina: Triest.

Drei Kommissionen (die Vor-Kommission, die Kleine Kommission und am Ende die Große Palästina-Amt-Kommission) entscheiden über jede einzelne Einreiseerlaubnis. Die Freude derer, die positive Bescheide erhalten, wird vom »Protest der Abgewiesenen, Erbitterung, Vorwurf« gedämpft, so Mascha Kalékos Quintessenz in ihrer Reportage *Das Tor nach Palästina* am 23. August.

*

15. September. Der dritte Sommer der nationalsozialistischen Herrschaft ist vorbei. – Aufmarsch der SA und SS zum Nürnberger Parteitag. Auch zur Reichstagssitzung trommelt man an den historischen Ort. Ab 21 Uhr dröhnt über alle deutschen Sender: Deutschland trete in einen »entscheidenden Abschnitt seiner Geschichte« ein. Mittendrin bricht die Übertragung ab. Militärmusik stellt den Ersatz. Kurz vor Mitternacht wird die Übertragung der Reichstagssitzung von Schallplatten fortgesetzt: »Die Flagge des Reiches und die Nationalflagge ist die Hakenkreuzstandarte« – »Ein Jude kann nicht Reichsbürger sein.« – »Artfremdes Blut« schände den »deutschen Volkskörper«. Görings Rotten sind los, werden mit Hitlergruß umjohlt. In diesem Land, dem unser Herz gehört …

Nach den »Nürnberger Gesetzen«, einem »trockenen Pogrom«, wie aus Exilkreisen nun oft zu hören ist, muss sich die Reichsvertretung der deutschen Juden in Reichsvertretung der Juden in Deutschland umbenennen, der Hilfsverein der deutschen Juden in Hilfsverein der Juden in Deutschland, der Zentralausschuss der deutschen Juden für Hilfe und Aufbau in Zentralausschuss für Hilfe und Aufbau bei der Reichsvertretung der Juden in Deutschland, der Central-Verein deutscher Staatsbürger jüdischen Glaubens in Central-Verein der Juden in Deutschland.

»Was sagt die Welt, was sagen die fremden Diplomaten zu so viel Schmutz?« fragt Hertha Nathorff nach jenem 15. September in ihrem Tagebuch. »Ich habe Angst, mein Buch zu führen, sie haben ihre Spione überall. Jede Nacht verstecke ich das Heft irgendwo anders. Einmal in der Sofalehne, einmal unter der Zentralheizung, jetzt nehme ich es mit ins Bett.« Am 2. Oktober hält sie fest: »So viele Leute eingesperrt – wegen Rassenschande oder versuchter Rassenschande – es ist das Schlagwort – Schulkinder sprechen davon ...« Und am 9. Oktober: »Heute ist mir meine ehemalige Sekretärin begegnet. Mit ihren kurzsichtigen Augen hat sie mich scharf fixiert und sich dann zur Seite gedreht.«

*

Die Zahl der Auswanderungen steigt bis Weihnachten 1935 wieder rapide an. Und während der Zentralausschuss bislang die Überzeugung vertrat, dass nicht nur ein großer, sondern vielmehr »der größte Teil der deutschen Juden in Deutschland bleiben muss und hier sein Schicksal erfüllen wird«, heißt es nach dem Willkürakt des neuen Ausnahmerechts: »Dem gesteigerten Auswanderungsbedürfnis ist mit einer großzügigen Planung zu entsprechen, die vor allem Palästina, aber auch alle anderen in Frage kommenden Länder einbezieht und besonders der Jugend gilt. Hierzu gehört die Sorge der Vermehrung der Auswanderungsmöglichkeiten.«

＊

Aus dem Winterhilfswerk des Deutschen Volkes ausgeschlossen, gründen jüdische Organisationen, darunter mit
großem Einsatz der Jüdische Frauenbund, Ende 1935 die
Jüdische Winterhilfe – »Unsere Gemeinschaft, die für die
Linderung der Not des Winters in diesem Jahre auf sich selbst
gestellt ist, wird niemanden im Stich lassen!« – und bitten auf
einem Plakat, das ein Schiff über die Meere ins Exil versinn-
bildlicht: »Verlass uns nicht ohne Spende.«

Im Linksverkehr

Ladenfenster ganz mit Bonbons
und Schokolade gefüllt

»Das Meer liegt ihnen im Blut. Denn der Fährdienst zwischen Dover und Calais ist in ihren Familien eine Tradition von hunderten von Jahren, seit der Zeit, wo die Pilger vom Kontinent kamen, um Thomas Becket in Canterbury ihre Ehre zu bezeugen.« Mit dieser Rückblende in die englische Historie um den Erzbischof von Canterbury, dem 1170 ein ähnliches Schicksal widerfuhr wie später Maria Stuart, beginnt im März 1934 ein Artikel in der Exilzeitung *Pariser Tageblatt* über die Kapitäne, die die Passagierschiffe über den Ärmelkanal an der schmalsten Stelle zwischen England und Frankreich navigieren. »Der Sturm gilt diesen Menschen nichts. Wenn ihr sie fragt, werden sie euch sagen, dass es zwar manchmal weht wie der Teufel in Person, aber der Wind verscheucht wenigstens den Nebel. Vergesst nicht, dass der Ärmelkanal die befahrenste Wasserstraße der Welt ist. Der Nebel aber verschleiert alles. Man kann oft von der Kommandobrücke nicht einmal mehr das Meer sehen. Man hört nichts mehr, außer den Tönen, die einem die Einbildung eingibt und die auch die festesten Nerven irritieren können. Der Kapitän, die Offiziere, die ganze Besatzung müssen unaufhörlich lauschen, um die kleinsten Geräusche aufzufangen und besonders die gefährlichsten Geräusche, die von anderen entgegenkommenden Schiffen zu einem dringen. Ein falsches Manöver, ein kleiner Irrtum, und die Katastrophe ist da, die siebenhundert bis achthundert Leben in Gefahr bringen würde.« Bevor die zwanzigjährige Lilli Palmer im September 1934 aus ihrem

Pariser Exil kommend nach drei Stunden Bahnfahrt von Calais nach Dover mit seinen majestätischen Kreidefelsen, den White Cliffs, übersetzt, verbreitet sich über den Seewetterdienst die Meldung, dass der Kontinent »abgeschnitten« sei – eine Umschreibung für heftigen Seegang mit einer voraussichtlichen Windstärke von 7, wenn nicht 8. Und tatsächlich gerät das Schiff auf dem Kanal in brüllende Wellen, spritzende Gischt, stampft und schlingert es. »Seekrank bis zur bitteren Neige« schleppt sich die jüdische Nachwuchsschauspielerin nach anderthalb Stunden, dann ist die Passage geschafft, im Hafen von Dover von Bord, kaum imstande, dem Beamten im Einreise-Office ihr Anliegen zu erläutern. »Und so stempelte er mir ein Besuchervisum in den Pass. Aber natürlich keine Arbeitserlaubnis«, erzählt Lilli Palmer in ihren Memoiren, dem einstigen Kassenschlager *Dicke Lilli – gutes Kind* (1974). »Grün im Gesicht und schwach auf den Beinen, sank ich in den Zug nach London, erholte mich nach der ersten Tasse englischen Tees etwas und sammelte meine Lebensgeister: Ich hatte eine Aufenthaltserlaubnis, vierunddreißig Pfund – und eine Karte, auf der stand: Alexander Korda, 36 Davis Street, London, W.1.«

Von Victoria Station, Endstation für den Zug aus Dover, fährt Lilli Palmer mit einem Black Cab, dessen Fahrer tiefstes Cockney spricht, vorbei an Pferdefuhrwerken, die zwischen den Karossen von Bentley, Austin oder Rolls-Royce und den roten Doppeldeckerbussen zu den ewig überfüllten Straßen in London City gehören, nach Paddington in eine billige Pension, stadtbekannt in der Emigrantenszene, Inhaberin: Lo Hardy, lebensklug, schmächtig mit weißblondem Haar, einst Leinwandstar in der deutschen Stummfilmära.

Gleich am nächsten Morgen versucht Lilli, Alexander Korda telefonisch zu erreichen, »Stoßgebet, linker Daumen gedrückt.« Der prominente Filmproduzent heißt eigentlich Sándor László Kellner und stammt aus einer jüdischen Familie in Ungarn. Nach Drehaufenthalten in Wien, Berlin, Paris und Hollywood verschlägt es ihn 1932 nach London. Ein Jahr später feiert der Vierzigjährige seinen ersten Welterfolg mit dem Streifen *Das Privatleben Heinrich VIII.*, in der Hauptrolle Charles Laughton. Wie seine Brüder, der Filmregisseur Zoltan und der Filmarchitekt Vincent, spielt Alexander Korda in der englischen Filmindustrie eine einflussreiche Rolle. Und von ihm, dem umworbenen Brotgeber und Talententdecker, hatte Lilli Palmer besagte Visitenkarte für eine Terminabsprache in seinem Londoner Filmstudio erhalten. Ein Segen, dass sie das Englische ziemlich gut beherrscht. Während ihrer Gymnasialzeit in Berlin, wohin ihre Eltern mit ihren beiden Schwestern 1918 aus Posen übersiedeln, verbringt sie fast alle Sommerferien zum Spracherwerb auf der britischen Insel. Außerdem nimmt sie privaten Schauspielunterricht. Schafft beides mit Erfolg. Schon ihre Mutter, Rose Peiser, geborene Lissmann, steht als junge Frau auf der Bühne. Lillis ältere Schwester, Irene, liebäugelt mit einer Ausbildung zur Sängerin, die jüngere, Hilde, übt sich im Ballett, träumt vom Beruf der Tänzerin. Der Vater, Alfred Peiser, Chirurg und Chefarzt am Jüdischen Krankenhaus, der »Kleinen Berliner Charité«, hält die Familie zusammen.

Ihr erstes großes Lampenfieber erlebt Lilli 1932 am Hessischen Landestheater Darmstadt. Dann gehen für sie und alle anderen jüdischen Ensemblemitglieder die Lichter in Deutschland aus. In Paris tingelt sie mit Irene als Mädchenduo *Les Sœurs Viennoises* durch Revuetheater und Cabarets, um sich ein paar Francs zu verdienen. Bis Alexander Korda auftaucht.

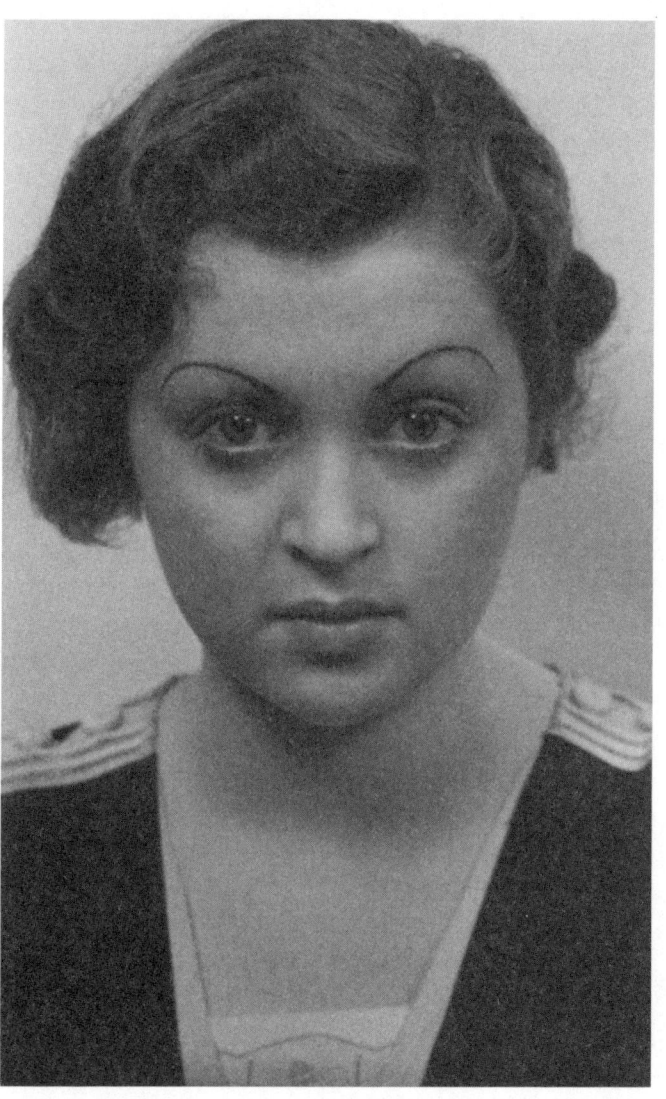

Lilli Palmer um 1930

Eine freundliche Stimme am Apparat seines Filmsekretariats. Wer sie sei. Wen sie sprechen wolle. Und in welcher Angelegenheit. Just a moment, please! Während des Wartens klopfen Zweifel an: »Wenn er die Rolle schon besetzt hatte? Wenn er es gar nicht so gemeint hatte? Wenn er mich überhaupt vergessen hatte?« Schließlich die Botschaft: Mr. Korda heiße sie willkommen. In der nächsten Woche würden die Probeaufnahmen stattfinden.

Also: Vorsprechen, was auf Anhieb nahezu perfekt klappt. Das Ergebnis fällt sogar »vielversprechend« aus, wie das Sekretariat anderntags ausrichten lässt. Man hätte jedoch gern eine weitere Variante mit optimierter Beleuchtung (und angeklebten langen Wimpern). Achtung, Kamera läuft! Abermals alles zur vollsten Zufriedenheit. Nach der Schlussklappe das Feedback: Unbedingt brauche Miss P. einen Agenten, das sei das A und O im Filmgeschäft. Vordringlicher noch: Mindestens fünf Kilo abnehmen!

Rainy days mit nichts als schwarzem Kaffee und dünnen Gurkenscheiben. Doch das Fett regt sich kaum vom Fleck. Nach einer Weile meldet sich überraschend das Sekretariat: Man habe es sich anders überlegt, sei bereit, Miss P. schon jetzt für eine begrenzte Gage unter Vertrag zu nehmen und würde sich um eine Arbeitserlaubnis bemühen. Lo Hardy wittert Abwimmeln hinter dem Angebot. Denn eine Nichtbritin, zumal eine Miss Nobody, wird für eine Tätigkeit, die auch eine Britin ausüben kann, von keiner Behörde akzeptiert. Wie es denn auch passiert. Bye, bye, Davis Street.

*

Bis 1934 emigrieren zweitausend vom NS-Regime Geächtete und Verjagte nach England, fünfeinhalbtausend werden es bis

1937 sein, wenn insgesamt hundertfünfzigtausend ihren Abschied von Deutschland und vielfach bereits auch aus Österreich haben nehmen müssen. Ein eigenes Kapitel stellt die Ankunft der Kulturwissenschaftlichen Bibliothek Warburg (K.B.W.) 1933 im vorweihnachtlichen London dar – getarnt als Leihgabe mit sechzigtausend Büchern, fünfundzwanzigtausend Fotografien und Forschungsgerät, exakt sortiert, katalogisiert und verpackt in fünfhunderteinunddreißig seefesten Kisten an Bord der Frachter *Hermia* und *Jessica* der Hamburg-Amerika Linie. Abfahrtshafen: Hamburg an der Elbe, dem Tor zur Welt. Begleitet wird das Unterfangen von den sechs fest angestellten wissenschaftlichen Mitarbeiten, Direktor Hans Saxl und seiner Stellvertreterin, Gertrud Bing. Die 1892 in Hamburg geborene Tochter des jüdischen Kaufmanns Moritz Bing und seiner Frau Emma, geborene Jonas, entscheidet sich nach ihrem Abschluss im Lehrerinnenseminar an der Klosterschule am Holzdamm, der ersten Höheren Mädchenschule in Hamburg, für ein Studium an der Ludwig-Maximilians-Universität in München, wo sie sich in den Fächern Philologie, Literaturgeschichte und Psychologie immatrikuliert. Als 1919 die Universität Hamburg gegründet wird, kehrt Gertrud Bing in ihre Heimatstadt zurück, um bei dem Kulturphilosophen Ernst Cassirer zu promovieren. Der gebürtige Breslauer ist unter den Doktorandinnen sehr beliebt. Denn er setzt sich von vielen seiner verstaubten Kollegen ab, die forschende weibliche Wesen in ihren weihevollen Veranstaltungen bestenfalls zur Kenntnis nehmen. Ernst Cassirer, der 1929 zum Rektor der Universität Hamburg ernannt wird und damit als erster jüdischer Wissenschaftler in Deutschland ein solches Amt bekleidet, schätzt Gertrud Bings analytische Fähigkeiten und ihren klaren Verstand, mag zudem ihre hanseatische Zurückhaltung und Heiterkeit und empfiehlt sie seinem Freund Aby Warburg, der für seine Büchersammlung, damals noch Privatbibliothek, eine verlässliche persönliche Assistentin braucht. Hand in Hand mit dem zwei Jahre älteren, für Aby Warburg bereits arbeitenden Hans Saxl, Kunsthistoriker aus Wien, macht sich Dr. phil. Gertrud Bing 1922 daran, ein öffentliches Forschungsinstitut aufzubauen. Und das bedeutet zugleich, ein neues Gehäuse zu planen. Denn »vom Boden bis zur Decke standen die Wände voller Bücher, die Speisekammer war Magazin, schwere Regale hingen gefährlich über Türen«, so Ernst Cassirer über die Heilwigstraße 114, Aby Warburgs Privathaus nahe der Alster, »in der Eingangshalle, auf den Treppenabsätzen, im Familienwohnzimmer – überall Bücher, Bücher, Bücher«. Schon damals wird dazu jene Anekdote von 1878 erzählt: Abraham Moritz Warburg, genannt Aby, ist in jenem Jahr des noch in den Kinderschuhen steckenden Deutschen Kaiserreichs zwölf Lenze alt, sein Bruder Max Moritz, Rufname Max, elf, als sie einen Vertrag schließen und diesen per Handschlag, wie in der Hamburger Kontorwelt üblich, besiegeln. Gegenstand des Geschäfts: Zugunsten seines Bruders verzichtet Aby auf seine Rechte als Erstgeborener, im Gegenzug muss dieser ihm zeitlebens alle gewünschten Bücher anschaffen. Die Bücherflut beginnt zu strömen. Von 1926 bis 1929 entwickelt sich die K.B.W. auf dem inzwischen erworbenen Nachbargrundstück in der Heilwigstraße 116 zu einem »Denkraum der Besonnenheit«, dokumentiert im *Tagebuch der Kulturwissenschaftlichen Bibliothek Warburg*, das aus handschriftlich geführten Dialogen zwischen Aby Warburg, der »lieben Bingia« und Fritz Saxl besteht und 1933 mit seinem neun Bände umfassenden Opus als Gedächtnis der K.B.W mit emigriert. Neben dem fachwissenschaftlichen Austausch wird darin frisch von der Leber weg über Lese-

90

Lesesaal im Warburg Institute London 1937

saalbenutzer gelästert, über das Ausleihwesen gestöhnt, und bei längerer Schreibpause mahnt der Hausherr an: »Fräulein Bing! Please: Sing!«

Aby Warburgs Eltern hätten es gern gesehen, wenn ihr Stammhalter Rabbiner geworden wäre. Doch er verschreibt sich der Kunst, lebt lange in Florenz, promoviert über Sandro Botticelli und findet für sich die Formel: »Hebräisch von Geburt, Hamburger mit dem Herzen, Florentiner im Geist«. 1928 tritt er mit Gertrud Bing eine kunstwissenschaftliche Expedition auf die Appenin-Halbinsel an. Immer dabei: das *Tagebuch*, das nun zum Reisetagebuch wird und ebenfalls zu den emigrierten Beständen gehört. Aus den vorgesehenen drei Monaten werden neun – nachzulesen in dem Buch der Warburg-Spezialistin Karin Michels, *Aby Warburg. Mit Bing in Rom, Neapel, Capri und Italien* (2010), das eine Fülle der Originaleinträge enthält, illustriert mit Reisefotos, auch von »College Bing«, schwelgend vom Meer aus »sonnenleuchtender Klarheit blauer Saphire und grüner Smaragden«.

Als Aby Warburg 1929 stirbt, wird Gertrud Bing seine Nachlassverwalterin. Gerade noch rechtzeitig vor ihrer Emigration schafft sie es 1932, seine *Gesammelten Schriften* herauszubringen

Im Frühling 1934 eröffnet The Warburg Institute in Thames House, Ecke Millbank und Lambeth Bridge. Nur mit dem Allernotwenigsten richtet sich Gertrud Bing hier in einem provisorischen Zimmer ein. Vermittelt durch Max Warburg, der seit 1928 den Vorsitz des Hilfsvereins der deutschen Juden (ab 1935 auch des Hilfsvereins der Juden in Deutschland) innehat, wird sie in London neben ihrem Direktorat zu einer Anlaufstelle für Hitler-Flüchtlinge, knüpft sie Kontakte zum Jewish Refugees Committee in Woburn House am Tavistock Square. Auch über Max Warburgs Tochter, Lola Hahn-Warburg, die im Reichsverband in Berlin für die Jugend-Alijah nach Palästina aktiv ist, treten Hilfesuchende an Gertrud Bing heran – und nicht zuletzt über Ernst Cassirer, der inzwischen an der Oxford Universität lehrt, bevor er Professuren in Göteborg und New York annimmt. In Oxford schreibt sich für ein Semester schon 1932 auch Ingrid Warburg ein, eine Tochter von Fritz Warburg, dem jüngsten in der brüderlichen Geschwisterreihe von Aby und Max. 1910 in Hamburg geboren und früh mit dem Englischen und Hebräischen vertraut, stellt sich auch Ingrid nach ihrem Examen in Germanistik, Anglistik und Philosophie in den Dienst jüdischer Hilfsorganisationen. Über ihre Kontakte zu Frank Kingdom, Präsident der University of Newark, und Erika Mann wird sie 1940 in den USA zur Mitbegründerin des Emergency Rescue Committees (ERC).

Vom Warburgschen Sommersitz im Hamburger Elbvorort Blankenese bietet sich den Kindern ein unvergesslicher direkter Blick auf jene Schiffe, die mit Flaggen aus allen Erdteilen erhaben dahinziehen. Seither ist für Ingrid Warburg das Wasser »ein Symbol der Einheit der Welt«, wie sie es in ihren Erinnerungen *Die Dringlichkeit des Mitleids und die Einsamkeit, nein zu sagen* (1990) ausdrückt.

*

Nach ihrer Palästinareise und dem Abschluss des Buchmanuskripts über das »erlaubte Land« trifft Grete Fischer im September 1934 in London ein. Und wie die meisten hat sie Mühe, eine bezahlbare Unterkunft zu finden. Von Freunden werden ihr Adressen für einfache möblierte Zimmer zugesteckt: »Die erste war in Calthorpe Road, einer Fortsetzung der noch präsentablen Guildford Street in Bloomsbury, einer

Tower Bridge in London 1933

schäbigen Reihe von kleinen Häusern ohne Gärten. (...)
Plötzlich kam aus dem dunklen Hintergrund der Treppe eine
Stimme: ›Hier können Sie ruhig wohnen, Fräulein Fischer;
ich wohne auch da.‹ Das war Bert Brecht.« Der Dramaturg,
Lyriker und Erfinder des epischen Theaters, dem die ehema-
lige Ullstein-Lektorin wohlbekannt ist, lebt seit 1933 in
Dänemark und hält sich nur wenige Wochen in London auf –
und damit dort, wo der Gangster Macheath, genannt Mackie
Messer, 1728 im Lincoln's Inn Fields Theatre seinem Publikum das Gruseln lehrt. Zweihundert Jahre später wird er in
Brechts *Dreigroschenoper* am Schiffbauerdamm in Berlin in
einer Ballade neu besungen: »Und der Haifisch, der hat Zähne ...« Gemeinsame Spaziergänge führen Grete Fischer und
Bertolt Brecht durch die Viertel zwischen Regent's Park und
Marble Arch. Im dort gelegenen *Hotel Mount Royal* mit Sui-
ten aus Livingroom, Küche, Bad und Telefon verabreden sich
»prominente Refugees«, so Grete Fischer über jene Menschen, die in London durch ihr Leben wanderten. Einmal
kommt sie in der noblen Herberge mit Stefan Zweig zusammen, als über den Gedanken, Max Reinhardts Salzburger
Festspiele nach Tel Aviv zu verlegen und ihr das Festspiel-
sekretariat zu überantworten, debattiert wird, was aber im
Sande verläuft. Um sein »rostiges Englisch« aufzufrischen,
besucht Stefan Zweig die britische Hauptstadt 1933 nach lan-
ger Unterbrechung erstmals wieder und genießt »die höfliche,
unerregte, hasslose Atmosphäre«. Und das umso mehr, als
ihm die politische Verfinsterung durch den neuen deutschen
Reichskanzler schon allein deswegen täglich gegenwärtig ist,
weil er vis-à-vis von seiner Terrasse auf dem Kapuzinerberg
in Salzburg den Wohnsitz des Braunauers vom Inn in Berch-
tesgaden sehen kann. Ein weiterer Grund seines Behagens in
London ist ein neues Projekt: In der British Museum Library

stößt der Autographensammler auf ein Pergamentexponat zur Hinrichtung Maria Stuarts, die »bald als Mörderin, bald als Märtyrerin, bald als törichte Intrigantin, bald als himmlische Heilige« in die Annalen Schottlands eingegangen ist. Nach ausgedehnten Recherchen im Round Reading Room, wo Stefan Zweig ab Februar 1934, als er sich für London zum vorläufigen Verbleib entscheidet, Folianten voller Akten und Protokolle neu zu deuten versucht, geht sein Manuskript einer »romanhaften Biographie« über Mary, Queen of Scots, in Druck und erscheint im Herbst 1935 unter dem Titel: *Maria Stuart.* Um diese Zeit löst Friderike Zweig, geborene Burger und zuvor eine verheiratete von Winternitz, den gemeinsamen Hausstand in Salzburg auf und bereitet den Umzug nach London, 49 Hallam Street, unweit der ersten Zweig-Adresse in 11 Portland Place, vor. Der Ortswechsel indes ist kein gemeinsamer mehr, die Ehe verliert zusehends an Halt. Gleichwohl bleibt Friderike, die an der Universität Wien Literatur und Französisch studiert hatte und mit ihrem Roman *Vögelchen* (1919) erstmals auf sich aufmerksam machte, mit »Stefzi« eng verbunden. Nicht umsonst verwendet sie viel Ehrgeiz darauf, sein Arbeitszimmer an der Themse dem entflohenen nachzubilden, »mit der gleichen roten Tapete, die er liebte, der Masereelschen Landschaft über seinen Bücherschränken, die aber gegenüber den zirka zehntausend Bänden in Salzburg zunächst nur ein Zehntel dessen enthielten«, so eine Reminiszenz von Friderike Zweig, zitiert in *Unrast der Liebe* (1984), jenem Buch über ihr Leben mit Stefan Zweig im Spiegel des gemeinsamen Briefwechsels. 1940 wird Friderike Zweig auf der *Nea Hellas* von Lissabon nach New York emigrieren – zusammen mit Heinrich und Nelly Mann, Golo Mann, Franz Werfel und Alma Mahler-Werfel.

Grete Fischer lässt sich schließlich in 44 Hoop Lane in Londons Nordwesten nieder, schlägt sich mit Beiträgen für die BBC und mit Übersetzungen durch. Dabei lernt sie bald auch Jiddisch, ein Ergebnis ihrer Begegnung mit Joseph Leftwich. Der britisch-jüdische Schriftsteller und Jiddisch-Kenner bietet ihr an, Salman Schneurs Meisterroman *Noah Pandre*, den er aus dem Jiddischen ins Englische übertragen hatte, auf Deutsch herauszubringen. 1936 erscheint das Gemeinschaftswerk in der Brandus'schen Verlagsanstalt zu Berlin und Leipzig und erntet eine Menge lobende Kritik, was Grete Fischer neue, wenn auch weiterhin karge Verdienstmöglichkeiten einbringt.

Mehrfach reist sie nach Prag, das von Hitlerflüchtlingen nur so überschwemmt ist. Im Hilfskomitee der HICEM, gleichsam einem Trust des gesamten Hilfswerks für jüdische Auswanderung mit Ausnahme Palästinas (hervorgegangen aus mehreren Organisationen, aus denen sich die Buchstabenkombination zusammensetzt), sammelt sie Material für eine »Geschichte der unfreiwilligen Wanderung im zwanzigsten Jahrhundert«. Auch in Paris forscht Grete Fischer dazu, ebenso in London. Für ein Buch reicht allerdings nie die Zeit. Praktisch zu wirken, ist ihr zudem wichtiger, trotz manch lähmender Erfahrung. So glaubt sie den Jungen einer jüdischen Freundin aus Prag bei einer Familie im Ausland gerettet. Das wird aber erst 1939 sein. »Zwei Tage vor Kriegsausbruch teilte mir das Hilfskomitee mit, er wäre zu alt – man wollte einen Achtjährigen, und er war dreizehn.«

*

Seit Ostern 1934 wohnen Tisa von der Schulenburg mit Fritz Hess in einem bescheidenen Flat in Highgate. »Wir wollen

Tisa von der Schulenburg 1936

beide Engländer werden. (...) Wir versuchen, uns einzufügen«, beteuert sie in ihrem autobiographischen Buch *Ich hab's gewagt. Bildhauerin und Ordensfrau* (1981). Anders als Fritz, der englische Vokabeln paukt und täglich die *Times* studiert, um seinen Wortschatz zu perfektionieren, kann Tisa das englische ABC schon vorwärts und rückwärts aufsagen, als sie sich mit ihren Eltern und Geschwistern in der Hauptstadt des britischen Empire aufhält. Ihr Vater ist in London Militärattaché, bis er 1906 nach Berlin versetzt wird und mit seiner Familie in den alten Landsitz derer von der Schulenburg im mecklenburgischen Tressow zwischen Klützer Winkel und Wismar zieht. Auch das Kindermädchen Wicky ist mit von der Partie. »Sie erzog uns wie Engländer: morgens und abends Porridge, tags und nachts offene Fenster, Wolldecken, keine Federbetten, Sandalen und ›smocks‹, die ›gesmockten‹ englischen Leinenkittel, die sehr bequem waren. (...) Im Kinderzimmer sprachen wir nur Englisch, besahen die englischen Bilderbücher und lernten die englischen Kinderreime.«

Über den Architekten Ernst Freud, der mit seiner Frau Lucy und den drei Söhnen (darunter der elfjährige Lucian, laut *The Guardian* ein halbes Jahrhundert später »the most celebrated British figurative painter«) 1933 von Berlin an die Themse emigriert, fassen sie in ihrer neuen Umgebung recht schnell Fuß. Ernst ist der jüngere Sohn von Sigmund Freud. Der ältere, Martin, dessen Frau Ernestine und Tochter Sophie über Marseille und Casablanca noch 1942 die Ausreise in die USA gelingen wird, trifft erst 1938 in London ein – zusammen mit seiner Schwester Anna, dem schwer kranken zweiundachtzigjährigen Vater, der Mutter, Martha Freud, Haushälterin Paula Fichtl und Hausarzt Max Schur.

Im Frühling 1935 zimmert Ernst Freud aus Eichenbalken einer alten Scheune für Tisa und Fritz an der Küste von Suffolk ein kleines Paradies: ein Wochenendhaus am Strand. Walberswick heißt das Fischerdorf, ein Künstlernest ähnlich wie Kampen auf Sylt, wo die Avantgarde einst baden ging. Tisa von der Schulenburg, die ihr Handwerk bei dem Bildhauer Edwin Scharff an der Hochschule für Bildende Künste in Berlin gelernt hatte, findet im englischen Kollegen John Skeaping einen wichtigen Gesprächspartner für sich. Er war mit Barbara Hepworth verheiratet, jener mit Kunstpreisen reich ausgezeichneten Bildhauerin, die mit dem gemeinsamen Freund Henry Moore an der Leeds School of Arts studiert hat. John Skeaping ermuntert Tisa, sich für ihre bildhauerischen Vorhaben Mahagoni-Bohlen zu besorgen. Daraus entsteht ihre erste Arbeit in der Emigration, angelehnt an ihre »verzweifelten Frauen, Frauen in Not«, die sie nach ihren großen Vorbildern Käthe Kollwitz und Ernst Barlach, mit dem Fritz befreundet war und den er oft in Güstrow besuchte, in Berlin schuf.

Bei ihrer Ankunft in London hat Tisa die Holzskulptur noch im Gepäck. Aber weil sie nicht weiß, wohin mit den siebzig mal hundertfünfzig Zentimetern, lässt sie sie auf dem Hof des Spediteurs stehen. Und sieht die Skulptur nie wieder. Vermutlich wurde sie schlichtweg entsorgt. Zu einem Treffen mit dem fünf Jahre älteren Henry Moore, Leiter der Bildhauerklasse an der Chelsea School of Art, bringt Tisa eine Auswahl ihrer Zeichnungen und Plastiken mit. »Er riet mir, mehr zu zeichnen. Die Zeichnungen fand er gut, die Plastiken nicht plastisch. Ich wusste es selbst (…), blieb beim Relief. Das Relief, eigentlich eine Zeichnung in Holz und Stein oder in Bronze, war meine Leidenschaft.« Tisas Skizzenblätter füllen sich. Aber sie ist nicht zufrieden mit ihrem Strich. Bilder der

Mecklenburger Landschaft halten sie fest. Blühender Roggen, Alleen, Himmelsweiten. »In meinen Träumen sah ich zurück – jetzt duftet es in Deutschland nach Kartoffelfeuer, der Abend ist still, ein milder Herbstabend mit blauen Schatten, der Acker dunkelviolett, und dort gehen die Männer mit Kartoffelkiepen. Meine Reliefs: Männer mit Kartoffelkiepen, Frauen mit Schalen, Frauen mit Eimern, Frauen mit Kindern – alles noch mit Barlachaugen gesehen. Ich wurde das Land nicht los. Ich wollte es überwinden. Zeichnen! Ich wollte die Zukunft, nicht die Vergangenheit, neue Bilder, neue Themen. Ziellos streifte ich durch London.«

*

Und Lilli Palmer? Beim britischen Ableger von Warner Brothers springt sie für eine erkrankte Besetzung der weiblichen Hauptrolle in *Crime Unlimited* (1935) ein. Doch wieder kein Happy End. Ärger noch. Eine Ausweisung in ihrer Post: Innerhalb von achtundvierzig Stunden müsse sie England verlassen. Denn trotz Arbeitsverbot habe sie einen Dreijahresvertrag angenommen. Also eilig packen, Lo Hardy umarmen und mit dem Fährschiff von Dover nach Calais, das Meer nun »ruhig und blau«, weiter mit dem Zug nicht nach Paris, sondern nach Basel zu einem Freund. »In der Schweiz war eben Frühling ausgebrochen. Wir wanderten durch die Wälder, die im frischen Grün standen, und bemühten uns, die Zukunft auseinanderzuklauben. Wohin sollte man gehen? Noch einmal Frankreich ausprobieren? Ausgeschlossen. Amerika? Allein die Überfahrt würde mehr kosten, als ich besaß. Österreich? Der Anschluss war nur noch eine Frage der Zeit. Holland? Keine Aussicht, Karriere auf Holländisch zu machen. In der Schweiz? Keine Filmindustrie, und die

Theater bereits bis zum Bersten mit deutschen Emigranten überfüllt. Es blieb keine Wahl: Zurück nach England.«

Mit Geschick schafft es Lilli Palmer, ein Besuchervisum für zwei Wochen zu ergattern, allerdings ohne die Option einer Verlängerung. Und wie das Leben so spielt: Die Gaumont British Picture Corporation ist an ihr interessiert, schickt sie auf Firmenkosten noch vor Ablauf der zwei Wochen zurück auf den Kontinent, um sie daraufhin als »wertvollen Beitrag zur britischen Filmindustrie« anzufordern. Lilli Palmer glänzt in verschiedenen Filmen der Corporation, beispielsweise in Alfred Hitchcocks *The Secret Agent* (1936). Aus Berlin holt sie ihre Mutter und ihre Schwestern an die Themse nach, der Vater lebt nicht mehr. In Hampstead findet sie ein für alle geeignetes, günstig zu mietendes Haus mit einem Garten, »groß wie ein Nudelbrett«.

*

London bleibt für einen Großteil der Zerstreuten eine Durchgangsstation, manchmal nur für einige Wochen, manchmal für zwei, drei Jahre wie bei der Grotesktänzerin Valeska Gert alias Gertrud Valesca Samosch, die bis 1936 zwischen Paris und London pendelt und 1939 von Southampton nach New York emigriert, wo sie mit ihrer *Beggar's Bar* mehr schlecht als recht einen Neuanfang suchen wird. Nach ihrer Heirat mit dem englischen Filmkollegen Rex Harrison lässt auch Lilli Palmer 1944 die grüne Insel hinter sich. Gertrud Bing und Grete Fischer hingegen werden bleiben. Tisa von der Schulenberg möchte es auch. Über Künstlerkontakte in Walberswick lädt man sie 1936 zu Kunstvorträgen in Bergarbeiterclubs des Kohlenreviers County Durham ein. »Die Straßen von verrußten Häusern gesäumt, alle gleich, zwei Fenster,

Bergarbeiter in Durham, Skizzen von Tisa von der Schulenburg
aus den Jahren 1935 und 1936

eine Tür, zwei Fenster, eine Tür. Kein Garten, kein Baum, kein Strauch ...« Über Kurse, die sie den »miners« im Schnitzen gibt, gelingt ihr, was eigentlich unmöglich ist, zumal für eine Frau, noch dazu eine Emigrantin: Man gewährt ihr Zugang zum Bergwerk! »Schwärze. Staub. Lärm.« Jeder fünfte Mann findet seinen Tod im Bergwerk, jeder dritte wird schwer verletzt, das nächste Krankenhaus ist fünfundzwanzig Meilen entfernt. Im Zug zurück nach London wirken die Eindrücke nach. »Monatelang zeichnete und schnitzte ich Bergarbeiter. (...) 1938 fuhr ich wieder nach Durham, wieder zu Schnitzkursen, diesmal sollte ich die Lehrer der Werkstätten schulen.«

*

Von Dieppe in der Normandie nach Newhaven in East Sussex setzt Familie Kerr 1935 nach England über: Alfred Kerr, der große Weimarer Theaterkritiker und Reiseschriftsteller, seine über dreißig Jahre jüngere Frau Julia, Sohn Michael und Tochter Judith. 1933 räumen sie ihre Villenwohnung in Berlin-Grunewald. »Auf Wiedersehen, Diele ... auf Wiedersehen, Wohnzimmer ... (...) Auf Wiedersehen, Vorhänge ... auf Wiedersehen, Esstisch ... auf Wiedersehen, Durchreiche ...!« Viele Sachen können nicht mit, werden deponiert, um sie später nachzuholen. Die Schützer der »deutschen Ehre« beschlagnahmen aber schon wenig später alles Zurückgelassene, auch das Kinderspielzeug – so Judith Kerr in ihrem preisgekrönten Jugendbuch *Als Hitler das rosa Kaninchen stahl* (1974). Nach ihrem Zürcher Exil wandern Kerrs weiter nach Paris. Bald versiegen die Honorarquellen an der Seine, wird es für Alfred Kerr, den von den Nazis aus Deutschland ausgebürgerten PEN-Präsidenten, immer schwieriger, seine

104

Familie zu ernähren, bis auch für ihn Alexander Korda zum Hoffnungsträger wird. Tausend Pfund ist dem Produzenten Alfred Kerrs Drehbuch über Lätitia Ramolina, die Mutter Napoleon Bonapartes, wert. Und er zahlt. Dieselbe Summe vereinbart man für den Abschluss des Films, der jedoch nie realisiert werden wird.

Bei der Ankunft im Oktober in London, der damals weltgrößten Metropole, ist es schon dunkel, über den Gleisen und Bahnsteigen dampft es vor Regenfeuchtigkeit, schreibt Judith Kerr, damals zwölf Jahre alt: »Durch den Dunst hindurch leuchtete ein Obststand mit seinen Orangen, Äpfeln und gelben Bananen, und ein Ladenfenster war ganz mit Bonbons und Schokolade gefüllt.«

You're welcome.

Nach Übersee

Flüchtige Heimat auf einem Dampfer

Und wieder verabreichen die Nationalsozialisten in ihrer Taktik aus Terror und täuschenden Ruheintervallen neue Hoffnungspillen mit neuen diabolischen Ingredienzien. Nach Nürnberg – 1936 anlässlich der Olympiade, für deren Austragung 1931 Deutschland ausgewählt worden ist: In Erwartung wachsamer Journalisten und Gäste aus aller Welt sowie Athleten insbesondere aus den USA, die aus Protest gegen die »Rassengesetze« eine Absage ihrer Teilnahme in Erwägung ziehen, werden während der Olympischen Winterspiele im Februar in Garmisch-Partenkirchen und der Sommerspiele im August in Berlin antisemitische Schikanen vorübergehend eingestellt und haufenweise Schilder »Juden unerwünscht!« in den Zentren der Wettkampfereignisse abmontiert. Für die deutschen Olympia-Besucher errichten die NS-Organisatoren in Berlin zudem eine »Kraft-durch-Freude-Stadt«, benannt nach dem nationalsozialistischen Bespaßungs- und Reiseunternehmen »Kraft durch Freude« (KdF). Fünfunddreißig Kilometer nordöstlich davon bei Oranienburg weiht die SS zeitgleich das KZ Sachsenhausen ein, im Juni 1937 wird es bei Weimar das KZ Buchenwald sein.

Eine Woche nach dem überwältigenden »arischen« olympischen Medaillensieg bringt die *Pariser Tageszeitung* eine ungewöhnliche Nachricht über die *Bremen* der Hapag-Lloyd: Die Abfahrt des wie alle deutschen Schiffe unter der Hakenkreuzflagge fahrenden Riesendampfers am Pier von Manhattan hatte sich am 22. August wegen eines »Zwischenfalles« mit demonstrierenden Nazigegnern verzögert: »An der Demonstration nahmen rund 150 Personen teil, die sich

Die Bremen *vor New York*

in Abendkleidern an Bord befanden und im Speisesaal und den Restaurationsräumen des Schiffes zu Abend aßen. Die Betreffenden holten plötzlich auf ein Kommando unter ihren Kleidern Plakate mit antinationalsozialistischen Inschriften hervor und trugen sie auf dem Schiff umher. Sofort wurde ein Teil der Schiffsmannschaft mobil gemacht, um die Ruhestörer von Bord zu drängen. (...) Es wurden Polizeiverstärkungen herbeigeholt, die nun ihrerseits eingriffen. Acht Frauen und vier Männer wurden festgenommen, die übrigen Demonstranten wurden von Bord gedrängt. (...) Es ertönten Sprechchöre ›Nieder mit Nazideutschland!‹ – ›Nieder mit Hitler!‹ ... Durch das Schreien (...) entstand unter den 800 Passagieren des Dampfers große Aufregung sowie unter den rund 1.000 Personen, die sich am Pier eingefunden hatten, um sich von ihren Bekannten zu verabschieden. Max Schmeling begab sich gerade an Bord, als der Kampf auf dem Höhepunkt war.« Der Boxweltmeister im Schwergewicht ist mit der tschechischen Schauspielerin Anny Ondra verheiratet, was den Nazis missfällt. Mehrfach fordern sie Max Schmeling auf, sich von der ausländischen und somit »undeutschen« Dame zu trennen, auch von seinem jüdischen Manager. Beides weist der »Stern am Boxhimmel« zurück.

»Undeutsch« als Makel steht auf dem Etikett der einen Schublade, auf dem der anderen, nicht »deutsch« zu sein und darum mit allem Deutschen nicht in Berührung kommen zu dürfen, wenn das Blut in den Adern »rassenbiologische Minderwertigkeit« indiziert, was unentwegt neue NS-Erlasse nach sich zieht: etwa dass »jüdische Lehrer« keinen »Privatunterricht an Deutsche« erteilen dürfen und »das Zeigen der deutschen Farben« nicht nur »Juden«, sondern auch ihren »deutschblütigen« Ehepartnern sowie »Deutschblütigen, die mit einem Juden in einer Haugemeinschaft leben«, verboten ist. Nächster Kreuzzug: das Verbot »deutscher« Themen in der jüdischen Presse und damit die Tilgung des geschriebenen Wortes »deutsch«, sofern dieses als besitzanzeigendes Fürwort mit Jüdischem in Verbindung gebracht wird. Beispiel: Unser deutscher Wald. Er darf nur noch in nichtjüdischen Publikationen grünen. Seit Oktober 1935 ist der Straßenverkauf von »jüdischen Presseerzeugnissen« sowie ihre Anpreisung in Schaufenstern und Zeitungshaltern untersagt, ebenso der »jüdische« Gebrauch der gebrochenen Schriftart Fraktur, weil diese als »deutsch« gilt (was später widerrufen wird). Jede jüdische Zeitungsredaktion muss ferner jede Änderung in ihrem Blatt melden, sei es in der grafischen Gestaltung, im Anzeigenwesen oder Herstellungsprozess, sei es bezüglich geplanter Beilagen oder Sonderausgaben, Druckauflagen, Abonnentenzahlen und den Papierverbrauch ohnehin. Zitate aus »deutschen« Zeitungen sind in jüdischen prinzipiell nur ohne Kommentierung erlaubt, was (oftmals bis heute!) zu Irritationen führt, wenn man den Eingriff der Zensur nicht zu dechiffrieren versteht. Alle in der jüdischen Presse Tätigen werden ab Oktober 1937 in amtlichen Listen des Reichsministeriums für Volksaufklärung und Propaganda registriert und erhalten von einem »Sonderreferat« einen diesbezüglichen Ausweis – gratis dazu die Schere im Kopf, wovon die promovierte Juristin Margarete Edelheim, seit 1924 Mitglied in der Chefredaktion der *C.V.-Zeitung*, aus nächtlichen Alpträumen noch in der Emigration in den USA ein Lied singen kann: »Ich stand irgendwie in einem Zimmer und sollte einen Artikel schreiben und konnte dazu nicht den Anfang finden. Plötzlich sah ich vor mir eine blaue Wasserfläche und eine Straße, die sich im Wasser totlief. Blühende Obstbäume säumten die Straße. Irgendwie hatte man eine Art Damm aufgerichtet. Langsam fing ich an, der Sekretärin, die wartend

*Margarete Edelheim und Heinz Berggrün 1936 in der Redaktion
der* C.V.-Zeitung, *Emser Straße 42, Berlin*

vor der Maschine saß, zu diktieren: ›Bäume haben sie draußen gepflanzt längs der Straße an der Havel, und den Weg haben sie gesenkt, so dass ein weiter See entstanden ist; wie ein Opal liegt er da …‹ – ›Das dürfen Sie doch nicht schreiben, Frau Dr.‹, unterbrach mich die Sekretärin, deren Gestalt die der Berliner, während Gesicht und Stimme die einer hiesigen Mitarbeiterin zu sein schienen. ›Die Bäume sind weiß von Blüten‹ – fuhr ich unbeirrt fort. ›Aber Sie dürfen doch nicht über die deutsche Landschaft schreiben‹, unterbrach mich wieder die mahnende Stimme. (…) Die Schreibmaschine hatte aufgehört zu klappern, trotzig sagte die Stimme: ›Aber der Brief vom Propagandaministerium heute früh …‹ Ärgerlich fuhr ich sie an: ›Wer spricht denn von deutscher Landschaft am Staubecken von Westchester – geben Sie mir doch die Landkarte, wie heißt denn der Fluss …‹ Da blieb die Antwort aus. Ich wachte auf.« Am 15. Dezember 1939 veröffentlicht der *Aufbau*, das Magazin des German-Jewish Club New York, Margarete Edelheims Traum, ergänzt von ihren Ausführungen zur inneren Enteignung, die die Nazis neben der materiellen betreiben: »Dieses Nichtschreibendürfen, was man schreiben wollte, dieses Nichtsagendürfen, was es einen auszusprechen drängte, dieses Nichtdenkendürfen, weil aus dem Denken ein Sagen oder Schreiben hätte werden können.«

Seit 1918 ist die Niederschlesierin mit dem Mädchennamen Meseritz mit dem Publizisten John Edelheim verheiratet und etabliert sich im Berliner Verlagswesen. Denn erst ab 1922 sind Frauen im Deutschland der Weimarer Republik zu Ämtern der Rechtspflege wie dem der Richterin oder Staatsanwältin zugelassen. Für dieses Ziel kämpft Margarete Edelheim mit ihren gleichfalls jüdischen Mitstreiterinnen Dr. jur. Marie Munk und Dr. jur. Margarete Berent in dem von ihnen 1914 gegründeten Deutschen Juristinnen-Verein (dem Vorläufer des heutigen Deutschen Juristinnenbundes e. V.). Margarete Edelheim ist damals dreiundzwanzig, Marie Munk neunundzwanzig und Margarete Berent siebenundzwanzig Jahre alt. Das Trio gehört zu den ersten Absolventinnen in der Rechtswissenschaft. Wegen ihrer Rarität titulieren sie sich als »weiße Raben«. Marie Munk, 1929 Deutschlands erste Richterin, und Margarete Berent, 1919 die erste Absolventin einer juristischen Staatsprüfung und anschließend eine der ersten preußischen Anwältinnen, werden wie Margarete Edelheim in die USA emigrieren.

Als sich die Redaktion der *C. V.-Zeitung* nach langem Zögern und entgegen ihrer ursprünglichen Grundüberzeugung dazu durchringt, die jüdische Auswanderung nun doch auch zu befürworten, ist es vor allem Margarete Edelheim, die auf Erkundungsreisen geht, zuerst im Frühjahr 1935 nach Palästina (»Unwahrscheinlich blau ist das Meer in der Haifaer Bucht, in blauem Lichte liegen auch die Hänge des Karmel«), ein Jahr später nach Südafrika – für viele Unkundige immer noch »Urwald«, wie sie ihren *Südafrikanischen Impressionen* vorausschickt, die die *C. V.-Zeitung* in einer dreiteiligen Serie 1936 veröffentlicht.

Ähnlich fasziniert, ja, fast schon betört wie Else Lasker-Schüler und Mascha Kaléko von »ihren« Schiffen nach Palästina, ist Margarete Edelheim von der *Duilio*, die die Reederei Navigazione Generale Italiana 1923 mit ihrer Jungfernfahrt nach New York in Dienst gestellt hat. »Wir beginnen das Schiff, ›unser Schiff‹, immer mehr zu lieben, sind stolz auf seine schnelle Fahrt, auf die Schönheit seiner Proportionen, die Zweckmäßigkeit seiner Einrichtungen, als ob wir es selbst gebaut hätten. Es ist merkwürdig, und jeder Passagier wird davon ergriffen, wie schnell man ein Heimatgefühl auf einem Dampfer bekommt, und das ist – wichtiger als für den Tou-

Dr. Margarete
EDELHEIM

**Südafrikanische
Impressionen**

REISEBERICHTE
für die C.-V.-Zeitung
Mai—Juli 1936

Philo Verlag, Berlin W 15

Sonderdruck von Margarete Edelheims Südafrika-Reiseberichten 1936

risten – von ungeheurer seelischer Bedeutung für Menschen, die ihre Heimat soeben für immer verlassen haben und einer ungewissen Zukunft entgegenfahren. Und derer gibt es genug an Bord.« Und dann die Überraschung: »Ich darf das Schiff vom obersten bis zum untersten Winkel durchstreifen, kann unter Führung des liebenswürdigen Kommandanten die mathematisch-astronomischen Apparate bewundern, die unseren Kurs bestimmen, bekomme vom Chefingenieur eine praktische Demonstration der Kessel und Maschinen, die das Schiff mit kaltem und warmem Wasser und mit kühler Luft versorgen, darf die Turbinen und Propeller anstaunen, die unsere 24000 tons mit großer Geschwindigkeit vorwärts treiben.« Die hundertdreiundneunzig Komma sieben Meter lange und dreiundzwanzig Komma drei Meter breite *Duilio* mit zwei Schornsteinen, zwei Masten und vier Propellern wirkt auf ihre schreibende Porträtistin wie ein fahrendes Schlaraffenland: mit frischem Kuchen aus der Bordbackstube, edlen Tropfen aus dem Bordweinkeller, koscheren Lebensmitteln für jüdische Passagiere und dem Bordmagazin *Corriere del mare*, das die Borddruckerei täglich für die Gäste druckfrisch in den Salons und Kabinen auslegt. Doch Margarete Edelheim wäre nicht Margarete Edelheim, würde sie bei allem Schwärmen nicht auch auf dem Boden bleiben. Aber zunächst einmal: Ankommen. Im Mai – im Herbst auf der südlichen Erdhalbkugel: »Vor uns steil und unnahbar der Tafelberg, er beherrscht die Bucht, umrahmt mit Teufelsspitze, Drachenstein und Löwenkopf und die an ihren untersten Hängen sich breit ausdehnende Stadt. Hell schimmern die Häuser, ein- und zweistöckig die neuesten, nur in der City, dem Geschäftsviertel, sich zu sechs und acht Stockwerken sich erhebend. Eine große Stadt, der das Bedrückende fehlt, dem Meer geöffnet und doch durch die Berge fast kreisförmig umschlossen, denn weit ragt im Südwesten die Kaphalbinsel mit dem Kap der Guten Hoffnung ins Meer hinaus. (...) Kapstadt zieht sich mit seinen schönen Vororten lang an der Bucht hin. Herrliche Autostraßen führen durch fruchttragendes Land. Eichen, Pinien, Kiefern säumen die Straßen ein, herbstliches Rot schmückt riesige Weinfelder, an denen letzte blaue Trauben hängen. An Eukalyptusbäumen blühen, leuchten rote Dolden, Bougainvillea umranken mit ihren lila Blütenblättern die Häuser, und zwischen Rosen und Herbstastern hängen Büsche tubenförmiger Mondblumen und anderer exotischer Pflanzen. Ein unzeitgemäßer Süd-Oststurm (alle Einheimischen sagen, er dürfe nur im hiesigen Sommer wehen, also hat er sich offenbar im Kalender geirrt) schlägt hohe Brandung an den herrlichen Strand der schönen Küstenorte am Atlantik und am indischen Ozean. (...) Eine kunstvoll in die Felsen gesprengte kurvenreiche Uferstraße bietet unvergessliche Augenblicke auf die See. Meilenweit ins Land dehnt sich das Gebirge, Autostraßen führen über Pässe. Wald und Bäche, Häuser in niederländischem Stil geben den Reisenden aus Deutschland das Gefühl landschaftlicher Vertrautheit und europäisch-heimatlicher Nähe. Die jungen Einwanderer aus Deutschland kraxeln denn auch an den Wochenenden in diesen Bergen mit Rucksack und Seil umher, deshalb angestaunt von den Afrikanern, die das Klima für solche Touren nicht geeignet finden.«

Wo Licht ist, ist auch Schatten. Die Möglichkeiten, in der Südafrikanischen Union – ob in Kapstadt oder dem amerikanisch an den Wolken kratzenden Johannesburg – eine Existenz aufzubauen, sind nach den Jahren des Goldtaumels begrenzt. Handwerker haben in der Regel noch Chancen, die aber merklich abnehmen. Schlecht sieht es in akademischen Berufen aus. Zudem gibt es zahlreiche Jobs, die ausschließlich

Fotomontage aus dem Jüdischen Nachrichtenblatt, *18. August 1939*

Schwarzen vorbehalten sind. Risikobereite, die mit einem ausreichenden finanziellen Polster einwandern, öffnen Geschäfte, Mittagstische, Boardinghäuser oder Kosmetiksalons. Wohl die meisten finden Anstellungen in Bazaren und Stores. Gute Aussichten haben »Masseusen, Schneiderinnen, Modistinnen« mit ausreichenden Englischkenntnissen, auch Kindergärtnerinnen und Krankenschwestern, sofern sie Hebräisch sprechen, um in Einrichtungen der jüdischen Gemeinden arbeiten zu können. Das alles stellt Margarete Edelheim in ihren Reiseimpressionen dar.

Als sie für das Dezember-Heft der *Blätter des Jüdischen Frauenbundes* abermals über Südafrika berichten will, hat sich die Lage am Kap um hundertachtzig Grad gedreht, weshalb im Vorspann ihres Artikels darauf verwiesen wird, dass eine Auswanderung nicht mehr zu empfehlen ist. Was war passiert?

Wie so oft auch in anderen Ländern, fällt der Vorhang für Einwanderungen in der Südafrikanischen Union als Vorbeugung gegen einen »Massenzustrom«. Zum 1. November 1936 führt die Regierung scharfe Reglementierungen ein. Fünf Tage zuvor landet die *Stuttgart*, 1923 auf der Vulkan Werft Stettin für den Norddeutschen Lloyd gebaut, mit fünfhundertsiebenunddreißig jüdischen Männern, Frauen und Kindern – eine Blitzaktion des Hilfsvereins. Unter der Überschrift *Die ›Stuttgart‹ in Kapstadt* erklärt die *C.V.-Zeitung* dazu in ihrer Ausgabe vom 29. Oktober, dass jene Eingewanderten »das in Bremen glücklich begonnene Werk« aber nur dann »glücklich vollenden« werden, wenn sie sich in die neuen Verhältnisse einfügen und den örtlichen »Gesetzmäßigkeiten unterordnen«. Selbstverständliche Pflicht sei es daher, »durch Leistungen auf geistigem und wirtschaftlichem Gebiete den Dank für die Aufnahme abzustatten«. Das indes ändert nichts an den Einwanderungsbeschränkungen, vielmehr schnürt die Regierung diese bald noch enger, unter anderem durch erneute Erhöhungen des Vorzeigegeldes, was die Einwanderungszahlen bis 1937 fast zum Stillstand bringt. Selbst für Begüterte türmen sich die Hürden nun immer höher auf, da die Nationalsozialisten den Transfer von Vermögenswerten in wachsendem Maße erschweren, etwa dergestalt, dass dieser mit Verlusten bis zu fünfzig Prozent und mehr für die Betroffenen verbunden ist. Inländische Guthaben liegen zudem auf »Auswanderer-Sperrkonten«, über deren Verfügung die jeweilige Devisenstelle des zuständigen Landesfinanzamtes zu befinden hat, das seinerseits dem Reichswirtschaftsminister untersteht. »Wir dienen nicht dem Juden, sondern wir dienen dem deutschen Volk, wenn wir den Juden auf den Weg in die Ferne bringen und ihm dabei nicht gestatten, seine ganzen Kapitalien, sondern nur einen angemessenen Teil mit ins Ausland zu nehmen«, heißt es dazu programmatisch aus der Auswandererberatungsstelle Berlin. Über ein Dutzend jener deutschlandweit verbreiteten Beratungsstellen, die auf die Reichsstelle für das Auswanderungswesen (1902) zurückgehen und nun nicht zuletzt zum Zweck der jüdischen Ausraubung gesteuert werden, haben die Aufgabe, die Auswanderungsanträge zu prüfen sowie Passbescheinigungen für Auslandsreisepässe auszustellen – wie alles um die abgenötigten Prozeduren mit hohem Zeitaufwand durch bürokratische Labyrinthe verknüpft. Unschätzbar ist daher auch vor diesem Hintergrund das Beratungsangebot des Hilfsvereins, der erstaunlich reibungslos mit den Auswanderungsberatungsstellen zusammenarbeitet: ihre Anschriften und Öffnungszeiten in den *Informationsblättern* publiziert und unermüdlich erklärt, was an Dokumenten und eidesstattlichen Versicherungen vorhanden sein muss (darun-

ter eine »glaubhafte« Begründung der beabsichtigten Auswanderung), um schließlich in den Besitz eines Reisepasses zu
gelangen, den wiederum die zuständige Polizeibehörde aus-
stellt – mit »Sichtvermerk« der genehmigten Ausreise zum
Zwecke der Auswanderung.

*

Bis in noch so entlegene Winkel der Welt streckt der Hilfs-
verein seine Fühler für Einwanderungsmöglichkeiten aus, in
enger Kooperation mit inzwischen weit über vierhundert
Korrespondenten vor Ort. Aus diesem Austausch und Erfah-
rungsfundus entstehen die *Korrespondenzblätter* mit dem
Titel *Jüdische Auswanderung*, im September 1936 in einer
Auflage von zehntausend Exemplaren und einem Umfang
von hundertdreißig Seiten zu Südamerika: mit Argentinien,
Bolivien, Brasilien, Chile, Columbien, Ecuador, Paraguay,
Peru, Uruguay und Venezuela. Aufgemacht wie ein Reise-
führer mit Informationen über Land und Leute, Wirtschaft
und Kultur, Gehältern, Berufsaussichten und nicht zuletzt
einer Temperaturtabelle, werden vorab die jeweiligen Ein-
wanderungsbedingungen aufgeführt. Beispielsweise zu
Argentinien: »a) Reisepass, ausgestellt von der zuständigen
Behörde des Geburtslandes; b) Einreisegenehmigung, ausgestellt von der Einwanderungsbehörde in Buenos Aires (für
Schiffsreisende erster Klasse und Mittelklasse nicht erforderlich); c) ein lückenloses polizeiliches Führungszeugnis. (...);
d) polizeiliches oder amtsärztliches Gesundheitsattest, in
welchem bescheinigt sein muss, dass die betreffende Person
geistig und körperlich gesund ist. (...); e) ein amtsärztliches
Attest, in welchem bescheinigt sein muss, dass die betreffende Person nicht an Trachoma leidet und auch früher nie an

Annonce aus dem Korrespondenzblatt Jüdische Auswanderung,
Herbst 1937

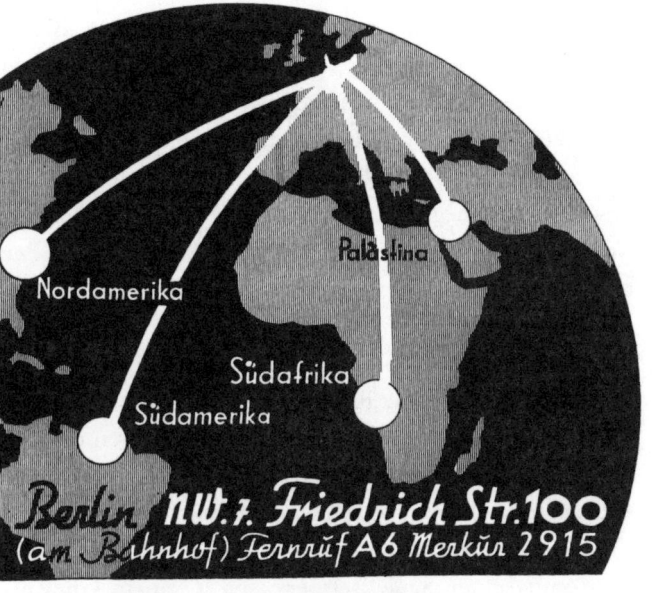

Atlantic Express *G.m.b.H.*

BERLIN NW 7
FRIEDRICHSTRASSE 100 (AM BAHNHOF) ⁄ FERNRUF A 6 MERKUR 2915

VERTRETUNGEN IN

BRESLAU, Neue Schweidnitzer Straße 15, Ruf 50347
DRESDEN, (Dr. Hurwitz) Gabelsbergerstr. 25, Ruf 62568
DORTMUND, (Hugo Moser) Arndtstraße 66, Ruf 28826
DÜSSELDORF, (Fritz Meyerhoff) Adolf-Hitler-Straße 3, Ruf 23945
FRANKFURT am Main, Kaiserstraße 46, Ruf 32601
HAMBURG, Neuer Jungfernstieg 5, Ruf 340758
HANNOVER, Rustplatz 18, Ruf 37146

KASSEL, (Louis Rosenzweig) Kölnische Str. 8, Ruf 1743
KÖLN, Hohenzollernring 7, Ruf 57525
KÖNIGSBERG i. Pr., (Dr. Petzall) Jensenstr. 7, Ruf 22658
LEIPZIG, Blücherplatz 2, Ruf 28740
MÜNCHEN, Karlsplatz 3, Ruf 13377
NÜRNBERG, Eilgutstraße 5, Ruf 20642
STUTTGART, Schellingstraße 13, Ruf 20154
WÜRZBURG, Haugerring 15, Ruf 6076

SCHIFFS-, BAHN- UND LUFTKARTEN NACH ALLEN WELTTEILEN ZU ORIGINALPREISEN

Annonce aus dem Korrespondenzblatt Jüdische Auswanderung,
Herbst 1937

dieser Krankheit gelitten hat, und f) drei Lichtbilder für Schiffsreisende dritter Klasse, sonst zwei. Die Reisenden müssen persönlich mit den Lichtbildern und den angegebenen Dokumenten auf den Konsulaten Hamburg, Bremen oder Berlin spätestens drei Tage vor Abfahrt des Schiffes zur Visierung der Papiere erscheinen.«

Bis zu dreihundert Ratsuchende werden täglich in den Beratungsstellen des Hilfsvereins gezählt, was deren Ausbau etwa in Hamburg, Köln, Leipzig, Dresden, Stuttgart und Breslau erforderlich macht. Ein wichtiges Anliegen des Beratungspersonals ist der nachdrückliche Hinweis darauf, die jeweilige Landessprache zu erlernen. Allein in Berlin bietet der Hilfsverein vierzig Kurse in Englisch, Spanisch und Portugiesisch zu Grammatik, Phonetik und Konversation für Anfänger und Fortgeschrittene an. Mit dürftigen oder womöglich gar keinen Sprachkenntnissen auszuwandern, »schafft überall Animosität«, wird besonders hervorgehoben. »Wer die Sprache des Landes nicht lernt, verurteilt sich selbst dazu, mit seinen Schicksalsgenossen in einem Ghetto zu leben …« Jedem müsse außerdem klar sein, dass kein Land gerufen habe, weshalb sich jedwede Einmischung in die Gepflogenheiten der überseeischen Gastgeberländer »auf das strengste« verbiete, warnt der Hilfsverein.

*

Durch die schweren Unruhen seit April 1936 in Palästina rücken die USA auf den ersten Platz der angestrebten Exilländer. Die schwierigste Klippe ist im Unterschied zu anderen Zielen die Erlangung eines Affidavits, jener Bürgschaft von US-amerikanischen Verwandten, die garantiert, dass auf den Staat für die um Einlass Bittenden keine Kosten zukommen.

September 1936 • Preis RM 1.–

JÜDISCHE AUSWANDERUNG

Korrespondenzblatt über Auswanderungs- und Siedlungswesen

Herausgegeben vom Hilfsverein der Juden in Deutschland

Verlag Schmoller + Gordon Berlin

Auswanderer!

Lernt Sprachen!

Ohne gründliche Kenntnis der Landessprache kein Vorwärtskommen! Ohne Sprachstudium künftig keine Unterstützung der Auswanderung!

Annonce aus dem Korrespondenzblatt Jüdische Auswanderung, *Herbst 1937*

»Doch genügt diese Bescheinigung für sich allein nicht«, so der Hilfsverein in seinen *Informationsblättern* zu der seit 1930 geltenden Regelung: »Es müssen vielmehr Dokumente beigefügt werden, aus denen sich die finanzielle Leistungsfähigkeit der bereits im Lande lebenden Verwandten ergibt. Diesem Zweck dienen von den Verwandten abgegebene Versicherungen an Eides Statt über Art und Höhe ihrer Verpflichtungen, Zahl und Verwandtschaftsgrad anderer Verwandter, zu deren Unterstützung sie bereits verpflichtet sind, Höhe ihrer Ersparnisse und sonstigen Hilfsquellen, Betrag und Quelle ihres regelmäßigen Einkommens usw.« Doch selbst das genügt noch nicht, was das Bemühen um ein Affidavit häufig in Kräfte zehrende Laufereien ausarten lässt. »Diesen eidesstattlichen Versicherungen der Verwandten müssen Bescheinigungen ihrer Arbeitgeber, Banken, Versicherungsgesellschaften oder anderer Personen, die über ihre finanziellen Verhältnisse orientiert sind, beigefügt werden, aus denen sich die Richtigkeit ihrer Angaben und die pünktliche Erfüllung ihrer Verbindlichkeiten ergibt. Die Bescheinigungen des Arbeitgebers müssen außerdem Angaben darüber enthalten, ob der Angestellte ganz oder nur einen Teil des Tages arbeitet und ob das Gehalt für eine ganz- oder halbtägige Arbeit gezahlt wird. Alle diese Bescheinigungen sollen jedoch aus Amerika nicht unmittelbar an das für den Einwanderer zuständige Konsulat geschickt werden, sondern an den Antragsteller selbst, der die Dokumente persönlich beim Konsulat vorlegen muss.«

Fast schon skurril wirkt angesichts jener Bestimmungen, wie Hilde Marx zur Besitzerin eines Affidavits wird. »Der aktuelle Entschluss, Berlin zu verlassen, fiel Ende '37. Die Gestapo hatte mir die Pistole auf die Brust gesetzt. Ich verfügte über eine kleine Erbschaft in Pilsen, und ein Bruder meiner Mutter, ein Anwalt, hatte das zu verwalten. Mein Vater, der ein sehr gesetzestreuer Deutscher war, hat dieses Auslandsguthaben sofort angemeldet, so wie es das Gesetz befahl. Daraufhin hat die Gestapo verlangt, dass ich dieses Vermögen ins Reich transferiere. Mein tschechischer Onkel weigerte sich, das Geld herauszugeben. Die Gestapo setzte mich vor die Alternative: ›Entweder ist das Geld innerhalb einer Woche hier oder Sie wissen, wo wir Sie hinbringen werden.‹ Zwei Tage später war ich weg, in der Tschechoslowakei.« Hilde Marx kennt die Bahnstrecke nur allzu gut durch Besuche der Familie ihrer Mutter in Prag. Und alle wussten: Hilde will in Deutschland bleiben. »Jetzt aber sagte ich ihnen: ›Geht raus, bitte geht raus.‹ Da haben sie mir nur auf die Schulter geklopft. ›Deine Nerven, Kind, die werden sich schon noch erholen.‹ Das waren hochintelligente Menschen, Anwälte, Ärzte, beinahe nur Akademiker. Nicht einer hat überlebt, weil sie es mir nicht geglaubt haben.« Viele, wohl gar die meisten halten es noch im Sommer 1938 für unmöglich, was in wenigen Monaten erschreckende Wirklichkeit werden wird. Durch einen Zufall findet Hilde Marx eine Visitenkarte wieder, die ihr ein Konsulatsangestellter beim Tanzen in einem Prager Lokal in die Hand gedrückt hat. Dieser wiederum vermittelt ihr einen Termin bei dem Konsul höchstselbst. »Nachdem der Herr aus Chicago sein Affidavit erneuert hatte und weder jünger noch reicher noch verwandter geworden war, saß ich also dem Konsul gegenüber, der Vizekonsul neben ihm: ›Jetzt erzählen Sie mal die Geschichte von dem Herrn in Chicago von neuem. Wie sind Sie mit ihm verwandt?‹ Da habe ich gesagt: ›Ich bin immer noch nicht mit ihm verwandt.‹ Da hat er mir ganz stark in die Augen geschaut, das ist ehrenwörtlich wahr, und hat gesagt: ›Sie sind mit ihm weitläufig verwandt!‹ Plötzlich fiel der Groschen, ich habe gedacht, der will doch, dass du das behauptest. (…), mir war alles egal, da habe ich nur gesagt: ›Mit einer Lüge fange ich nicht an.‹ Ich war beinahe unhöflich in meiner Schärfe und habe zu dem Konsul gesagt: ›Nicht nur bin ich nicht verwandt mit diesem Mann, ich habe ihn in meinem ganzen Leben nie gesehen. Ich habe keine Ahnung, wer dieser Mann ist, außer ein paar Briefen, die ich von ihm erhalten habe.‹ Da hat der Konsul einen tiefen Seufzer getan, den Kopf geschüttelt und den Vizekonsul angeguckt, und ob das nun eine Minute war oder fünf Stunden weiß ich nicht mehr. Dann hat er mich nur gefragt: ›Hätten Sie denn das Geld, um ein Visum zu bezahlen?‹ Habe ich gesagt: Ja. ›Dann gehen Sie bitte auf Zimmer Nr. Soundso und holen Sie es sich ab.‹ Bis zum heutigen Tage ist mir völlig unklar, ob er gedacht hat, wenn eine so idiotisch ist, dann muss man ihr helfen, oder ob er so beeindruckt war von meiner wahnsinnigen Ehrlichkeit. Ich weiß es nicht und werde es auch nie erfahren.«

Im Januar 1938 erscheint in der *C.V.-Zeitung* letztmalig ein Gedicht von Hilde Marx, eine *Ballade um den Abschied* über die Zerstreuten zwischen Shanghai, Paris und dem Kap:

Meere und Schiffe und Schienen und Züge –
Fieber in unserm Gehirn,
während in lächelnder Abschiedlüge
trostlose Tränen irr'n.

*

Im Dezember 1937 fasst der Zentralausschuss für Hilfe und Aufbau bei der Reichsvertretung der Juden in Deutschland in seinem Jahresrückblick zusammen: »Der Auflösungsprozess der Judenheit in Deutschland setzt sich fort. Etwa ein Drittel des früheren Bestandes der jüdischen Bevölkerung hat Deutschland bereits verlassen, viele stehen vor ihrer Auswanderung, viele weitere müssen folgen. Die Notwendigkeit, diesen Vorgang zielbewusst durch zweckmäßige Berufsausbildung und durch geeignete Wanderungsplanung in geordnete Bahnen zu lenken und durch planmäßige Aufbauarbeit den Weg in die Zukunft zu ebnen, besteht weiter. In gleichem Umfange verbleibt die Verpflichtung, der Not des Tages zu begegnen und für die Zurückbleibenden zu sorgen. (...) Die Arbeit hierfür soll im Jahre 1938 unter der Parole ›5 Jahre Hilfe und Aufbau‹ fortgeführt werden. (...) 5 Jahre Hilfe und Aufbau! Helft weiter!«

Achtunddreißig

Schreiben, um nicht hinauszuschreien
in die Stille der Nacht

»Es ist heute der 1. Januar 1938, draußen liegt Schnee, und die anderen feiern Neujahr. Dein Vater ist in der Synagoge, er dirigiert dort sehr ungern den Chor, aber er muss Brot verdienen, Avitarele, Brot für Dich – für uns drei. Einmal, sagt er, geschieht ein Wunder. Wie gut, dass Du noch klein bist, mein Avitarele, vielleicht erlebst Du das Wunder doch. Vielleicht herrscht Liebe und Gerechtigkeit in der Welt, wenn Du ein Mann sein wirst.« Sätze von Mascha Kaléko für Avitarele, Evjatar Alexander Michael, Maschas Sohn, ihrem ersten und einzigen Kind, geschrieben auf Hebräisch in ein Tagebuch – nur für ihn. Am 28. Dezember 1936 kommt Evjatar zur Welt. »Du, den ich liebte, lang bevor er war, / Den Unvernunft und Liebe nur gebar, / Der blassen Stunden Licht und Himmelslohn, Mein kleiner Sohn ...« Diese Zeilen wird sie ihm später, wenn Deutschland längst Vergangenheit ist, in ihrem Gedicht *Einem kleinen Emigranten* widmen. Saul Kaléko ist nicht der Vater, auch wenn er als Vater in der Geburtsurkunde des Jungen steht. Anderthalb Jahre führt Mascha Kaléko ein Doppelleben. Trifft sie sich heimlich mit Chemjo Vinaver, den Musiker und Musikwissenschaftler aus einer chassidischen Rabbinerfamilie in Warschau, zwölf Jahre älter als sie. Nach seinem Studium in Warschau und Berlin, wo er 1926 sein Konzertdebüt gibt, leitet er den Chor der Neuen Synagoge, bis er 1933 seinen eigenen Chor gründet, zusammengesetzt aus jüdischen Sängern, die ihre Stellungen an Opernbühnen durch die nationalsozialistischen »Säuberungen« verloren haben. Möglich, dass sich Chemjo und Mascha 1935 im

Romanischen Café begegnen. Seitdem jedenfalls kennen sie sich. Eine Liebe auf den ersten Blick. Sie passen zusammen. Aber auch nicht. Chemjo wünscht sich von Mascha ein Kind. Erst 1937 erfährt Saul Kaléko die Wahrheit über seinen vermeintlichen Sohn. Er möchte Mascha um keinen Preis verlieren, hängt an ihr und schenkt ihr schon Jahre zuvor gereimt: »Es ist mir gleich ob Du mir treu / Nur – will ich Dich nicht missen. // Sei untreu mir soviel du willst / Doch – lass es mich nicht wissen.« Am 4. Oktober 1937 werden Mascha und Saul von einem »Rabbinatskollegium« religiös geschieden, die staatliche Trennung erfolgt am 22. Januar 1938. Am 28. Januar heiratet Mascha Kaléko Chemjo Vinaver, den Vater von Evjatar. Vier Tage später verrät sie ihrem Tagebuch, dass sich die Ehe als schwierig erweist: »Es vergeht keine Woche, in der wir uns nicht bis zur Verzweiflung quälen …« Am 2. Februar erwägt sie, mit ihrem Kind nach Palästina zu gehen. Kurz darauf: »Es ist alles wieder gut!« Ein unruhiges Hin und Her. Auch für Chemjo. Sein aufbrausendes, von Jähzorn getriebenes Naturell schneidet Wunden in Maschas Sehnsucht nach wärmender Geborgenheit, wie diese umgekehrt immer unerfüllbarer bleibt. Als sie ihre neue Wohnung in Berlin-Steglitz, Björnsonstraße 27, beziehen, hüpft ihr Herz vor Freude: »Wir drei sind wohl die glücklichsten Menschen auf der Welt. Es ist Frühling, der Flieder blüht uns ins Fenster hinein, abends stehen wir mit Avitarele am Fenster, und er ›pustet den Mond aus‹.«

Unterdessen mehren sich die nationalsozialistischen Drangsalierungen der jüdischen Bevölkerung, wuchern aus den in Nürnberg beschlossenen Gesetzen in immer kürzeren Abständen neue niederschmetternde Verordnungen: dass jedes jüdische Vermögen über 5.000 RM anzumelden ist, jüdische Gewerbebetriebe als solche zu registrieren und zu kennzeichnen sind, jüdische Gemeinden den Status einer Körperschaft des öffentlichen Rechts verlieren, »vorbestrafte Juden« in Konzentrationslager eingewiesen werden.

Als Ende Juli angekündigt wird, dass am 30. September 1938 die Approbation für jüdische Ärztinnen und Ärzte erlischt, reißt auch für Hertha Nathorff der letzte dünne Faden ihrer Heimatverbundenheit: »Meine Geschwister sind hier zum Abschiednehmen und um ihre letzten Einkäufe für Amerika zu machen! (...) Ich bin müde, urlaubsreif, aber wohin? Soll ich mich vielleicht auf eine der gelben Bänke setzen, die ›Nur für Juden‹ bezeichnet sind und die an den sonnigsten, lautesten Ecken am Rande des Parks stehen? (...) Könnte ich nur mit meinen Geschwistern weg nach Amerika!«, so ihr Tagebucheintrag vom 27. Juli 1938. Und zwei Wochen danach: »Einige Ärzte dürfen als ›Judenbehandler‹ weiter praktizieren, auch mein Mann soll dieser ›Ehre‹ teilhaftig werden! Ein Schild, ›Nur zur Behandlung von Juden berechtigt‹, ein blaues Schild mit Davidstern und gelbem Fleck – nein, ich danke dafür. Die arischen Hauswirte kündigen schon jetzt den Ärzten, weil sie sich eine solche Verschandelung ihrer Häuser gar nicht gefallen lassen, weil die arischen Mieter ausziehen, weil viele erklären, sie wollen und dürfen mit Juden nicht mehr unter einem Dach wohnen.« Zusammen mit ihrem Mann beantragt Hertha Nathorff im August Visa für die USA. Aber all das dauert, zieht sich hin.

Mascha Kaléko und Chemjo Vinaver bereiten ihre Auswanderung bereits praktisch vor, packen und planen ebenfalls mit dem Ziel: USA. Palästina kommt aus beruflichen Gründen nicht in Betracht. Chemjo möchte sich als Komponist und Dirigent jüdischer Musik im Land der für unbegrenzt gehaltenen Möglichkeiten einen Namen machen. Von dem Cellisten Gerald Felix Warburg, einem Sohn von Felix M.

Warburg aus der Hamburger Geschwisterriege von Aby und Max, der 1894 im Zuge der großen Auswanderungswelle aus dem Deutschen Kaiserreich in die USA übersiedelt und dort das American Joint Distribution Committee gründet, bekommen sie ein Affidavit. Ein Jahr vor ihrer Emigration stirbt Felix M. Warburg am 20. November 1937. Aus diesem Anlass richtet die Neue Synagoge Berlin eine Gedenkfeier für ihn aus, umrahmt von jener Freitagabend-Liturgie, die ihm der Komponist Jacob Weinberg bereits 1936 gewidmet hat. »Der Riesenraum der festlich geschmückten Synagoge war bis auf den letzten Platz gefüllt«, berichtet die *C.V.-Zeitung* am 2. Dezember und würdigt besonders Chemjo Vinavers »eindrucksvolle Interpretation« jener Liturgie. »Ergriffen sprachen Tausende das Kaddisch-Gebet.«

Am 28. September 1938 brechen Mascha und Chemjo mit Evjatar in Berlin auf, über Hamburg und Paris, wo sie vierzehn Tage verweilen, bis sie nach Le Havre weiterreisen. Am 14. Oktober besteigen sie die *Britannic* von der britischen Cunard Line: »Ein mäßig gutes Schiff. Bemerkenswert: der Lift-Mann, von Evjatar ›Hello‹-Onkel gerufen. (Hello, boy!). Bemerkenswert: die Seekrankheit, die uns selbdritt erwischte. Auch den Kleinen, obgleich 1 ¾ jährige immun sein sollen. (…) Bemerkenswert: die Haltung des heldenhaften Papi, der erklärte, er hielte es nicht mehr aus. Zugegeben, es war ihm elender als elend zumut, und er verschwand heimlich. Am liebsten hätte er erklärt: Ich steige aus.« Nach neun Tagen Passage legt die *Britannic*, die neben ihrem Schwesternschiff *Georgic* damals als größtes ihrer Art die Themse befährt, im Hafen von New York an. Die erste Adresse der kleinen Familie: New York City, 378/385 Central Park West. Sie habe es versäumt, bedauert Mascha Kaléko in ihrem Tagebuch, die ersten Eindrücke der überwältigend »hohen Türme funkeln-

Hertha Nathorff und Familie in Laupheim 1936

der Lichtfenster« festzuhalten, »schade«, denn nichts lasse sich wie es war in Erinnerung rufen. »Ich weiß jetzt nur: Alles ist anders, als wir es uns in Europa vorgestellt haben – vieles besser, manches böser.«

Dank ihrer Sprachbegabung lernt Mascha Kaléko ziemlich schnell Englisch, Chemjo Vinaver nicht. Er baut einen neuen Chor auf, seinen »Vinaver-Chor«, braucht Maschas Hilfe auf Schritt und Tritt zum Dolmetschen, zum Organisieren. Mascha schreibt bald sogar in der neuen Sprache, verdient mit Werbetexten zum Beispiel für Parfüms etwas Geld. Ihre lyrischen Phantasien indes verweigern sich, können nicht mehr wie früher gedeihen – zumal ohne Aussicht auf nennenswerte Würdigung. Ist Mascha Kaléko doch den meisten Menschen in den USA kein Begriff. »›Don't speak German, dear‹«, legt sie ihrem Sohn, den sie nach einer Weile amerikanisiert erst Stephen, dann Steven ruft, in einem Vers, der sich an sie richtet, in den Mund. »German« ist nicht erwünscht. Schon gar nicht als Ichgefühl, als Identität. Entwurzelt zu sein und dabei den Lebensmut nicht zu verlieren, sondern sich den neuen Verhältnissen anzunähern – damit beschäftigt sich der German Jewish Club, die größte deutsch-jüdische Gesellschaft in den USA. Ohne die Herkunft und kulturellen Prägungen der Eingewanderten aus dem Auge zu verlieren, legt der Club einen »starken Akzent« darauf, wie es am 1. Oktober 1938 im *Aufbau* heißt, dass sich jeder »im Innern seines Amerikanertums klar bewusst wird«. Über Berichten, News und Kolumnen steht darum in vielerlei Variationen der Appell: »America First!« Heimwehgedichte wie Mascha Kalékos haben es da nicht leicht, wiewohl man ihnen immer mal wieder einen schützenden Platz einräumt.

Ganz ähnlich spürt das von Anfang an auch Lessie Sachs, die schon 1937 mit ihrem Mann, dem österreichischen Konzertpianisten Josef Wagner, und der gemeinsamen dreijährigen Tochter Dorothee aus Breslau in die USA emigriert. Auch sie schreibt Gedichte und mädchenhaft verspielte, fröhlich-freche Prosa. In den *Breslauer Nachrichten* wird sie 1931 als literarischer Nachwuchs mit den Worten geehrt: »Mit viel formalem Geschick gestaltet sie heiter-ironische Gedichte, die an das nachdenkliche Spöttertum Kästners erinnern, aber ihre besondere Note dadurch erhalten, dass hier eine Frau sich auf persönliche Weise mit der Zeit auseinandersetzt.«

Wann genau und mit welchem Schiff von welchem Hafen aus Lessie Sachs mit ihrer Familie Deutschland verlässt, ist unbekannt. Nur wenige biographische Fragmente befinden sich im Leo Baeck Institut, New York. Anhaltspunkte zu ihren Wohnorten in den USA und zu ihrer Wesensart bieten Artikel von ihr, darunter einer, datiert mit St. Louis, Anfang Januar 1938, unter der Überschrift: *Ich sah in Amerika…*: »Ach, meine lieben Freundinnen in Deutschland, wenn Ihr auswandern wollt, lasst Euch nicht gar so viel beraten, denn: wie man es macht, ist es falsch. – Ich habe mich so sehr herumgeschlagen mit dem Problem: mit oder ohne Möbel – und schließlich haben wir alles verkauft. – Als wir in New York waren, erschien mir dieser Entschluss richtig. Kleine elegante Wohnungen und meine riesigen Möbel? … Hm – gut, dass sie weg sind. Aber als wir an unseren Bestimmungsort kamen, Saint Louis (Mittelwesten) … Saint Louis! – Ach, hier gibt es große Wohnungen zu mieten, schöne, weitflächige Räume, einzelne Häuser sogar, Bungalows und Flats, für erschwingliche Mieten, mit einem Luxus ausgestattet, den man bei uns nicht kennt, was Badezimmer und Küche betrifft, – ja, sehr wohl abgewogene, harmonische, große Räume … und wo sind nun meine Möbel? In Europa sind sie bei den Händlern, bei Privatleuten, wer weiß wo …«

Ein sprachliches Feuerwerk entfacht Lessie Sachs in diesem langen launigen Artikel vom 20. Januar 1938 im *Blatt der jüdischen Frau*, einer Beilage der *C.V.-Zeitung*, ungekürzt nachgedruckt am 1. März im *Aufbau* mit dem geänderten Titel *Mittelwestliche Impressionen:* »Achtung, rotes Warnsignal: stopp! Die Amerikanerin ist so restlos, so völlig anders angezogen als Du, dass Du jedenfalls – was immer Du Dir ausgeklügelt hast – in Deiner europäischen Kleidung ... nun eben europäisch wirkst, d.h. aus dem Rahmen fallend. – Leider. – Es liegt an einem ›je ne sais quoi‹. Ich habe die Hüte in Verdacht, sehr kecke Gebilde, die irgendwo auf dem Kopf sitzen, nicht nur dort, wo wir sie zu sehen gewohnt sind. Es sind auch die klimatischen Bedingungen zu berücksichtigen, man ist immer entweder zu dick oder zu dünn angezogen, überhaupt macht es außerordentlich Schwierigkeiten, sich zu akklimatisieren, in jedem Sinne.«

Lessie Sachs wird 1896 in Breslau geboren, ihr Vater, Heinrich Sachs, ist Professor für Nervenheilkunde an der dortigen Schlesischen Friedrich-Wilhelms-Universität, von ihrer Mutter findet sich im schmalen Nachlass lediglich der Hinweis auf ihre Herkunft aus einer Breslauer Kaufmannsfamilie. Nach dem Besuch der Staatlichen Akademie für Kunst und Kunstgewerbe in der schlesischen Metropole (bis zum Ersten Weltkrieg nach Berlin und Hamburg die drittgrößte Stadt im Deutschen Kaiserreich) und einem vorübergehenden Ausflug in die Münchner Boheme eröffnet Lessie in Breslau ein Atelier für Seidenmalerei, dichtet und schreibt nebenbei für die *Vossische Zeitung*, den *Uhu* und den *Simplicissimus*. Dabei fällt ihre feine Wahrnehmung für das Alltagspraktische auf. Das klingt auch aus ihren Zeilen über die USA heraus, wo sie über die Vorzüge der »Kitchenette«, jene typisch amerikanische Miniaturkochgelegenheit, plaudert und darüber, wie

136

Lessie Sachs

wichtig das gründliche Studium der Landessprache ist: »... wenn Ihr glaubt, Ihr sprecht ›perfekt‹ – so fangt wieder von vorne an. Ihr seid nicht perfekt – oh, Verzeihung. Aber Ihr seid nicht perfekt. Wer in das Land kommt, fühlt sich taubstumm...« Denn wer, bitte, habe die richtigen Vokabeln für Gewürzkörner, Margarine, Fleckwasser oder Baldrian parat? Und wer weiß, dass sich hinter einem Drugstore keine Apotheke verbirgt? »Es ist alles, aber auch alles, von der Türklinke bis zur Verkehrsordnung anders, ganz anders als in Europa. Man ist einem Wirbel von Eindrücken ausgeliefert, und das Pendel der seelischen Stimmungslage schwingt sehr weit aus – von tiefstem Unbehagen bis zur Faszination –, jedoch selten findet man zunächst das Gleichgewicht.«

Genauso verhält es sich mit den Jahreszeiten, mit dem Klima, mit dem Licht. »Gegen Abend ist der Himmel so düster, wann jemals habe ich ihn so verhangen gesehen, ein Streifen Kanariengelb am Horizont, sehr grell ... was ist los? – Ach! – wir haben eine andere Atmosphäre hier, andere Witterung, einen anderen Himmel, wir sind auf einem fremden Kontinent, hast Du das vergessen? Gar nichts ist los. – Wir sind in Amerika – (...) während ich dies schreibe, schlaft Ihr wohl längst, meine lieben Freundinnen in Deutschland, denn wir in St. Louis sind sieben Stunden voraus mit der Zeit oder ... oder nach ... ich weiß nicht, ich weiß nichts mehr, ich bin ein Neuankömmling, alles, was ich in Europa war, was ich galt oder gewusst habe, gilt hier nichts. Gilt nicht! – Gilt nicht!« Am Ende gibt Lessie Sachs den wohlmeinenden Rat: »Fange neu an, ganz von vorn, ganz von vorn, fange Dein Leben ganz von vorne wieder an – ist das leicht? – Es gibt kein Zurück ... zwischen Dir und der Heimat liegt der Atlantik, Tag und Nacht und Nacht und Tag musst Du über das Meer fahren, und nichts siehst Du als Himmel und Wasser, Tag und

Nacht... und dann springt New York Dich an. (...) Fange neu an, hier giltst Du nichts. Wagst Du den Sprung? – ›Take it easy‹, sagt man hier, – nimm es leicht ... ›oh! ... Take it easy‹.« Tag und Nacht. Nacht und Tag. Daraus webt Lessie Sachs Gedichte: »Taggedichte« und »Nachtgedichte«. Eines ihrer ersten veröffentlicht der *Aufbau* am 1. Mai 1938, in ihrem ersten Frühling im amerikanischen Exil:

Und draußen weht ein fremder Wind ...

Ich sitze hier und hüt' das Kind,
Und draußen weht ein fremder Wind,
Singt eine fremde Melodie,
Ein fremdes Lied, ich hört' es nie, –
Ein Lied,
Das mich nicht einbezieht.

Ich sitze hier, weil sich's so traf,
Und hüte meines Kindes Schlaf.
Ach fremde Welt, ach fremdes Land,
Kein Blick vertraut, kein Haus bekannt,
Seht, seht,
Es ist schon spät, sehr spät.

Es ist schon spät, sanft schläft das Kind.
Indes man wachend sitzt und sinnt,
Vergeht die Nacht, verweht die Zeit,
Ein Tropfen fällt zur Ewigkeit.
Gib acht!
Bald schlägt es Mitternacht.

Die Stadt verlischt, der bunte Glanz
Zerstiebt wie Spuk und Firlefanz.
Ach, Höllenspiegel, Narretei,
Was es auch sei, ganz einerlei,
Mir blieb
Zu wenig, was mir lieb.

Vorbei, vorbei ... ich warte still
Auf das, was da noch werden will.
Ach, Schicksalsfügung, lange Fahrt,
Das Kind schläft sanft, sehr jung, so zart ...
Kind, Kind, –

Noch immer weht der Wind.

*

Auf der anderen Seite des Atlantiks fand inzwischen im März 1938 der »Anschluss« Österreichs innerhalb des großdeutschen Imperiums statt, vollzogen mit einer »schamlosen Lust des öffentlichen Quälens« der jüdischen Bevölkerung – so Stefan Zweig später in seiner autobiografischen Niederschrift im brasilianischen Exil, die nach seinem Freitod unter dem Titel *Die Welt von Gestern* (1942) bei Beermann-Fischer in Stockholm verlegt werden wird. Im »Altreich« holen Hitlers Helfer und Helfershelfer zur »Austilgung des Judentums« aus. Im Oktober ruft der Jüdische Frauenbund in seinen *Blättern* wieder zu Spenden der Jüdischen Winterhilfe auf: »Der Winter, der vor uns liegt, wird härter und noch schicksalsvoller sein«. Die Frauenbund-Frauen und ihre Leserinnen wissen nicht, dass dies die letzte Ausgabe ihrer Monatszeitung im nationalsozialistischen Deutschland sein wird. Gefasst schau-

Tag- und Nachtgedichte

VON

LESSIE SACHS

Deckblatt, Writers Service, New York City 1944

en sie nach vorn, wie in den Schreckensjahren zuvor. Doch mit einem Unterschied: »Die Arbeit jeder jüdischen Organisation in Deutschland wird heute von dem Problem der Auswanderung und ihrer Vorbereitung beherrscht. In engster Zusammenarbeit mit dem Hilfsverein hat unser Jüdischer Frauenbund es unternommen, im Inlande die auswanderungsbereiten Frauen auf ihre Eignung und berufliche Vorbereitung zu prüfen und sie für ihre Umschichtung zu beraten – im Ausland seine Vertrauensfrauen zur Auskunftserteilung und zur Unterstützung und seelischen Betreuung der ausgewanderten Frauen heranzuziehen. Beide Aufgaben erfordern die dauernde Mitarbeit aller unserer Zweigstellen.«

Auch die Zweigstellen wird es in wenigen Wochen nicht mehr geben. Vorboten sind abermals neue Verordnungen wie die Entfernung der jüdischen Straßennamen und die Anweisung, dass Juden ohne »jüdischen Vornamen« ab 1. Januar 1939 als ersten Vornamen vor ihrem Familiennamen den Namen Israel tragen müssen, Jüdinnen entsprechend den Namen Sara. Alle in Deutschland wohnenden jüdischen Staatsangehörigen werden zudem verpflichtet, ihre bisherigen Reisepässe abzugeben. Die neuen (ausgestellt nur für Auswanderungen und genehmigungspflichtige Sonderfälle) enthalten ein in Rot hineingestempeltes, drei Zentimeter hohes »J«, ergänzend zum »J« in der »Kennkarte«, dem ebenfalls neuen inländischen Ausweis, der mit »Kennort« und »Kennnummer« stets bei sich zu führen und unaufgefordert zu zeigen ist. Fast schon beschwörend heißt es zu jenen Stigmatisierungen aus dem Jüdischen Frauenbund: »Was in uns in unserer Not und schmerzvollem Weh lebt, ist der dunkle Untergrund, von dem unsere Pflichten und Aufgaben sich doppelt klar und scharf abheben. Ob wir sie bewältigen, wird letzten Endes von unserer seelischen Haltung abhängen.«

Denn immer näher rückt aus jenem Untergrund das Getöse der NS-Gewaltmaschinerie, bis in der Nacht vom 9. auf den 10. November 1938 die Synagogen brennen. Mit Brechstangen eingeschlagene Schaufenster jüdischer Geschäfte liegen da wie ausgestochene Augen, Gebetshäuser sind geschändet, Wohnungen jüdischer Familien durchwühlt, der Mord an einzeln herausgegriffenen jüdischen Familienmitgliedern, meist Vätern und Söhnen, wird zur Chefsache der »Herrenmenschen« erklärt.

Hertha Nathorffs Tagebuch füllt sich in der Reichspogromnacht mit vielen Seiten: »Ich will schreiben, um nicht laut hinauszuschreien in die Stille der Nacht.« Tage danach wird Erich Nathorff von der SA abgeholt, wie dreißigtausend andere jüdische Männer auch. Am 13. November notiert Hertha Nathorff tief besorgt: »Sonntag, und keinerlei Nachricht von meinem Mann. Wo ist er, wo? ...« Heinz, ihren Jungen, jetzt dreizehn Jahre alt, bringt sie auf Anraten von Freunden bei einem »arischen Kollegen« unter, Silber, Schmuck und Teppiche lässt sie verwahren. »Meines Mannes Arztschild haben sie abgerissen. Ich lasse kein neues anbringen ...« In der Hoffnung, Erich bald wieder zu sehen und in die Arme nehmen zu können, beantragt Hertha Nathorff ihre Ausreisepapiere für die USA. »Endlich bin ich im Konsulat an der Reihe. Besuchsvisum für Amerika, ausgeschlossen. Bescheinigung, dass wir das Affidavit eingereicht haben, nicht zu erhalten.« Ihr Affidavitgeber ist Carl Laemmle, ein Cousin von Hertha Nathorffs Vater, ebenfalls in Laupheim geboren. Der Begründer der berühmten Universal Pictures, in deren Studios *Der Glöckner von Notre Dame* (1923), *Im Westen nichts Neues* (1930) oder auch die Horrorfilm-Klassiker *Dracula* (1931) und *Frankenstein* (1931) entstehen, wandert bereits 1884 als Siebzehnjähriger aus, und zwar von Bremer-

Annoncen aus dem Aufbau, *Mai 1939*

haven auf dem Auswanderungsschiff *Neckar* des Norddeutschen Lloyd. Karl Lämmle, so die ursprüngliche Schreibweise des Oberschwaben, in Hollywood »Onkel Carl«, unterstützt in Gefahr Schwebende mit Affidavits, auch Hertha Nathorffs Geschwister, ihre beiden jüngeren Schwestern, Sophie-Marie und Elsbeth.

Am 20. November erfährt Hertha Nathorff, dass ihr Mann lebt, ein freigelassener KZ-Häftling richtet Grüße von Erich aus – Grüße aus dem KZ Sachsenhausen. Ihre Angst hält an, will nicht weichen, steigert sich sogar. »Ich bin gewarnt worden, ich soll lieber nicht zu Hause schlafen. Ich irre durch die Straßen und weiß bald nicht mehr, wohin.« In der Auswandererberatungsstelle, Linkstraße 15, bemüht sie sich um eine Passbescheinigung. »Es gelingt mir nicht, trotzdem ich das Gefühl habe, dass der freundliche Beamte mir helfen möchte. ›Ein Pass kann nur ausgestellt werden, wenn Sie einen ganz bestimmten Reisetermin angeben können‹, und das kann ich nicht. Ich bespreche mit Freunden, was ich tun soll. Buchen, irgendwohin, rät man mir. Ich telegraphiere in alle Welt. Ich bekomme wilde Angebote. Ein Visum nach Chile für 3.000 RM.« Ein Reisebüro bietet Hertha Nathorff eine Schiffspassage für Februar 1939 nach Kuba an. Die karibische Insel dient vielen als Umsteigeplatz. Wieder zur Auswandererberatungsstelle. Wieder Anstehen auf der überfüllten, engen steilen Treppe im »Extraaufgang für Juden«. Am 2. Dezember wird Hertha Nathorff die Passbescheinigung zugesagt, am 3. Dezember holt sie sie ab. Und da ihr der Kubaplan irgendwie nicht geheuer erscheint, denkt sie über einen Zwischenaufenthalt in England nach. Am 15. Dezember zahlt Hertha Nathorff vorschriftsmäßig die erste Rate der »Judenvermögensabgabe« in dem für sie zuständigen Finanzamt ein. Zwanzig Prozent des angemeldeten Vermögens müssen es in fünf Raten sein. Das verlangt jene »Sondersteuer«, mit der die jüdische Bevölkerung für die in der Pogromnacht entstandenen Sachschäden zur Kasse gezwungen wird. Eine Milliarde Reichsmark erwartet das NS-Regime durch diesen ungeheuerlichen Akt, den es als »Sühneleistung« für die Schüsse des nach Frankreich emigrierten polnischen Jugendlichen Herschel Grynszpan (die Deportation seiner Eltern und Geschwister warf ihn aus der Bahn) auf den deutschen Botschaftssekretär Ernst vom Rath am 7. November in Paris dem deutschen »Volkszorn« verkauft. Schlag auf Schlag werden bis in die letzte Adventswoche hinein weitere Gesetze durchgepeitscht: dass »Juden deutscher Staatsangehörigkeit« ihre Führerscheine aller Klassen sowie die Kraftfahrzeugscheine für Personenkraftwagen und Krafträder (»mit und ohne Beiwagen«) bis zum 31. Dezember abliefern und die amtlichen Kennzeichen zur Entstempelung bei den Polizeirevieren vorzeigen müssen; dass für jedes jüdische Vermögen der Depotzwang gilt, was bedeutet, sämtliche im jüdischen Besitz befindlichen Aktien und Wertpapiere in das Depot einer Devisenbank einzulegen (bei gewünschten Verfügungen ist das Reichswirtschaftsministerium zu konsultieren), schließlich die »Ausschaltung der Juden aus dem deutschen Wirtschaftsleben« und die daraufhin einsetzende »Arisierung« jüdischer Unternehmen, landwirtschaftlicher Betriebe, Grundstücke, Immobilien und (wie auch im Falle Arnold Bernsteins in Hamburg) jüdischer Reedereien, flankiert vom »Judenbann« über Straßen, Plätzen, Parks und Grünanlagen, Theatern, Lichtspielhäusern, Konzertsälen, Aussichtstürmen, Museen, Hallenbädern, Freibädern, Schlaf- und Speisewagen der Deutschen Reichsbahn.

Am 16. Dezember kehrt Erich Nathorff aus der KZ-Haft zurück. Entlassungsgrund ist sein schriftlich bekundeter

Auswanderungswille, den er am 17. Dezember im Polizei-präsidium bestätigen muss. Im Briefkasten jüdischer Haus-adressen steckt jetzt Woche für Woche das *Jüdische Nachrich-tenblatt* – der vom Reichsministerium für Volksaufklärung und Propaganda streng überwachte und dem Jüdischen Kul-turbund als Herausgeber aufgenötigte »Ersatz« für die nach dem Novemberpogrom liquidierte jüdische Presse: die *Jüdi-sche Rundschau*, die *C.V.-Zeitung*, die *Blätter des Jüdischen Frauenbundes* und alle übrigen rund fünfundneunzig jüdi-sche Zeitungen und Magazine. Auch alle jüdischen Verlage werden »aufgelöst«, darunter der Philo-Verlag, den der Cen-tral-Verein deutscher Staatsbürger jüdischen Glaubens 1919 ins Leben gerufen hat, wobei der jüdische Philosoph Philo von Alexandrien Pate stand. Ein letzter Titel indes erscheint noch vor Weihnachten, soll es mit Billigung der NS-Behörden sogar: der *Philo-Atlas. Handbuch für die jüdische Auswande-rung*, ein Nachschlagewerk aus sechshundert Stichworten von A wie Abmeldung, polizeiliche, bis Z wie Zollinhaltser-klärung, Zollrevision und Zollverschluss, fünfundzwanzig Tabellen, etwa zu Preisen für Schiffspassagen, Frachten und Postsendungen sowie kolorierten Landkarten zu Ausschnit-ten aus allen Kontinenten der Welt.

Im Frühjahr 1922 hatte Lucia Jacoby die Verlagsleitung übernommen. Auch von ihrer Biographie weiß man nur Spär-liches. 1896 in Königsberg geboren, wächst »Jacobine« (so ihr Kinderkosename, aus dem »Bine« wird) allein mit ihrem früh verwitweten Vater auf. Er ist Journalist, was den Berufsweg der Tochter geprägt haben mag. Sie beginnt als Sekretärin im Central-Verein, steigt zur Redaktionssekretärin der *C.V.-Zei-tung* auf, stenographiert Redaktionssitzungen, begutachtet Manuskripte, liest Korrektur, bis man ihr anbietet, den Philo-Verlag zu führen. Erfolgreich erweitert sie den Turbulenzen der Inflation zum Trotz bis 1933 das Programm und kämpft bis zum Schluss für den Erhalt des Verlags. Dann entscheidet auch sie sich für das Exil, schichtet beruflich um, indem sie Krankenpflege, Wochenpflege, Säuglingspflege lernt, Sprachkurse in Englisch und Holländisch belegt. »Der 1. April war diesmal für mich ein Glückstag«, wird sie 1941 in einem Brief mitteilen, dessen Adressat sich nicht überliefert hat. »Mittags habe ich mein Examen mit ›eins‹ gemacht. Ich bin nun also geprüfte Pflegerin, geprüfte Säuglingspflegerin und geprüfte Wochenpflegerin. Da ich außerdem sehr gut massieren kann, ist mir vor einer Existenz im Ausland nicht bange.« Ihre Auswanderung jedoch scheitert, dokumentiert die Sammlung *Bewährung im Untergang. Ein Gedenkbuch* (1965) im Auftrag des Council of Jews from Germany in London: »Ein Panama-Projekt löste sich in Nichts auf. Ein Kuba-Visum, in allem geordnet, wurde durch die Heraufsetzung der Altersgrenze für Arbeitspflicht gegenstandslos. Ein letzter Brief von ihr, voll Innigkeit und Würde, kommt mit einem Datum vom Anfang Dezember 1941 an – und danach Schweigen …« Spuren von Lucia Jacoby, später bruchstückhaft freigelegt, führen 1942 nach Auschwitz.

*

Vierzigtausend Menschen mit rotem »J« im Reisepass flüchten bis Ende 1938 aus der zum Abgrund gewordenen deutschen Heimat – der bis dahin höchsten Auswanderungszahl innerhalb nur weniger Monate. Die meisten entscheiden sich, dem Strom der vergangenen zwei Jahre folgend, für Übersee, vor allem für die Vereinigten Staaten. Auch für Hertha Nathorff steht nun die Auswanderung fest. Nur das genaue Datum und das genaue Ziel noch nicht. Heiligabend schreibt sie in ihr Tagebuch: »Der letzte in unserem Heim. Kein Baum, kein Lichterglanz ...«

Das *Jüdische Nachrichtenblatt* bringt in seiner Ausgabe vor Silvester bar jeglicher Besinnlichkeit einen Aufmacherartikel über die devisenrechtliche »Neuregelung des Personenverkehrs auf Seeschiffen« gemäß Runderlass des Reichswirtschaftsministers vom 15. Dezember. Auf die bloßen Fakten reduziert, wird protokollartig dargelegt, dass Auswanderungspassagen ab 1939 »nur noch für ein bestimmtes Schiff und eine bestimmte Abfahrt« möglich sind, »offene Passagen« unzulässig. Zwischen Buchung und Abfahrt dürfen nicht mehr als sechs Monate vergehen, und jede Auswandererpassage hat auf dem kürzesten Weg zu erfolgen, um »ungewöhnliche, nicht verkehrsübliche Umwege«, zum Beispiel nach Nordamerika über Ostasien oder nach Australien über Singapur oder Hongkong auszuschließen. Lediglich in Ausnahmefällen kann die Devisenstelle ihre »Zustimmung zur Buchung einer Umwegspassage« erteilen. Auch »Auswanderungs-Vorreisen« sind nicht mehr erlaubt, weil diese einer »vorweggenommenen Verwendung von Auswanderer-Sperrguthaben« gleichkommen. Ebenso ist die Freigabe von »Sperrguthaben« zur Bezahlung von Schiffspasssagen an inländische Agenten ausländischer Reedereien untersagt. Zudem findet der Bordzahlungsverkehr künftig »völlig bargeldlos« statt, und zwar mittels Reiseschecks oder Bordakkreditiv. Denn die Zulassung »inländischer Geldsorten an Bord deutscher Schiffe« biete keine Gewähr dafür, so die Begründung, dass beim Besteigen und Verlassen der Schiffe in ausländischen Häfen »die Ein- und Ausfuhrbestimmungen für inländische Geldsorten eingehalten werden«.

Möge doch ein Wunder geschehen ...

Krieg!

Durch die Straßen der Niemandslande und der Niemandsmeere gejagt

»Das jüdische Schicksal hat seine Klimax erreicht. Es geht kaum mehr weiter, kaum noch kann auf den Gipfel des Elends noch neues Elend getürmt werden«, mutmaßt der *Aufbau* am 1. April 1939 in einem Bericht über Bilder aus aktuellen Wochenschauen: »Jüdische Flüchtlinge stiegen in Shanghai am Hafen aus, wurden dann in Notbaracken von chinesischen Kulis gefüttert, und schließlich wurde diese ganze arme Menschenfracht in Lastwagen abgekarrt, irgendwohin. (...) Aber diese Juden waren wenigstens noch auf festem Land. Sie teilten wenigstens nicht die Düsternis, die um die Flüchtlingsschiffe finstert, die heute überall die Meere durchziehen, Gespenstersegler, Totenschiffe, fliegende Holländer von 1939. Eines von ihnen, unter rumänischer Flagge, ist unmittelbar vor der palästinensischen Küste von Wachtschiffen überrascht worden. 270 Menschen waren zusammengepfercht darauf, Fracht aus ganz Europa, Mannschaft und Passagiere wurden verhaftet, das Schiff konfisziert. Abenteuerliche Reisen ohne Ziel und Bestimmung. (...) Die ›Königstein‹ mit 780 Emigranten an Bord ist nach wochenlangen Irrfahrten, nachdem sie in Trinidad und British Guyana vergeblich zu landen versuchte, endlich in den Hafen von Caracas in Venezuela hineingelassen worden. Auch die Passagiere des Dampfers ›Conte di Grande‹ durften schließlich in Montevideo an Land gehen. Die französische Terrorherrschaft kannte die ›Noyades‹, die Versenkung von Gefangenenschiffen – was die Nazis machen, ist schlimmer, ist letzte Bestialität gepaart mit einem furchtbaren Sadismus. Oder wie soll man es nennen, wenn kürzlich bei Nacht und Nebel ein Dampfer mit 500 Juden aus dem Danziger Hafen dampfte, jeder mit 10 Dollar in der Tasche und einem Danziger Pass ohne Visum sowie dem berüchtigten J auf der ersten Seite. Zwei englische Journalisten wurden verhaftet, als sie nähere Einzelheiten zu erfahren versuchten. Es handelt sich um ein griechisches Schiff, von der Danziger Regierung mit dem Auftrag gechartert, irgendwo einen Hafen zu finden. In den nächsten Wochen sollen noch zwei solcher Judenschiffe abgehen. Judenschiffe – Totenschiffe – sie fuhren schon einmal, als Spanien seine Juden vertrieb. Aber damals gab es noch freundliche Küsten, Holland, die Türkei. (…) In der Abenddämmerung des untergehenden Europa gibt es keine Küsten mehr.«

Spätestens seit der Konferenz vom Juli 1938 im französischen Evian am Genfer See, wo Delegierte aus zweiunddreißig Nationen anderthalb Wochen über die dramatisch anschwellende jüdische Auswanderung aus dem nationalsozialistischen Machtbereich debattieren, um anschließend ihre Grenzen um so fester zu verriegeln, verspricht ein Fluchtort tatsächlich vorübergehende Rettung und Sicherheit: Shanghai – die Stadt am schlammigen Meer, verrucht, exotisch, brodelnd, reich geworden durch Opium und Schmuggel, wimmelnd von Menschen aller Religionen, von rasenden Rikschas und in den Gassen der Geruch der Garküchen, wie es Vicky Baum in *Hotel Shanghai* (1939), entstanden in ihrem Exil in Los Angeles und zunächst als Fortsetzungsroman in der *Cosmopolitan* veröffentlicht, bildhaft vor Augen führt: »Zehntausend Wichtigmacher laufen zwischen der westlichen und östlichen Kultur hin und her und versuchen zu vermitteln, zu erklären. Zehntausend Gestrandete klammern sich an den Rand der Gesellschaft, bevor sie untergehen. Zehntausend Erfolgreiche geben ihnen den letzten, mörderischen Stoß.

Zehntausend andere kämpfen sich hinauf, Schritt für Schritt, in winzigen Vorteilen, mit schmalen Erfolgen, mit Ameisenzähigkeit und ohne Rücksicht. Viele sind gekommen und wieder verschwunden. Viele haben Wurzeln geschlagen im fremden Boden, sie haben Familien gegründet und Heime aufgebaut, und sie können keine andere Luft mehr atmen als die heiße, feuchte, schwere Luft von Shanghai ...«

Rund achtzehntausend Verzweifelte machen sich bis zum Sommer 1939 in die Kapitale am Wang Poo auf, denn hier braucht man weder ein Affidavit noch ein Visum, auch kein Vorzeigegeld. Und das ist einzigartig auf der Welt. Eine Schiffspassage dauert mindestens vier Wochen, oft auch sechs, auch neun, je nachdem, wo und wie lange auf der Route angelegt wird und ob es Zwischenfälle gibt, die den Zeitplan blockieren: durch den Suez-Kanal und den Golf von Aden ins Arabische Meer und den Indischen Ozean, weiter durch die Meerenge von Malakka zwischen Malaysia und Sumatra ins Südchinesische Meer mit Kurs auf Hongkong und dann ans Ziel. Noch kein Jahr ist es her, dass japanische Bomber Teile Shanghais unbewohnbar gemacht haben. Aus den von japanischen Truppen besetzten Bezirken und Vierteln fluten seither Massen verelendeter chinesischer Flüchtlinge in die »offene Stadt«, schon bei der Annäherung auf die Silhouette erkennbar: gezeichnet von Ruinen, Verwahrlosung und Bergen von Schutt. Wer von den aus Deutschland Flüchtenden weiß davon? Wer von jenen aus Österreich? Viele, die ihr letztes Geld für eine Schiffskarte zusammengekratzt haben, versuchen ihr Glück – mit 10 RM als zugelassener »Freigrenze« im Handgepäck – ab Italien auf der *Conte Rosso, Conte Verde, Conte Biancamano*. Auch die *Potsdam* des Norddeutschen Lloyd fräst sich Seemeile für Seemeile durch die Wogen nach Fernost. Kaum an Bord, werden an die

Shanghai um 1938

Shanghai-Passagiere Handzettel verteilt: »Trinken Sie kein Wasser aus der Leitung und putzen Sie sich keinesfalls die Zähne damit, wenn Sie nicht Typhus bekommen wollen. (...) Tragen Sie keine Wertsachen bei sich und trauen Sie niemals der Polizei. Gehen Sie nicht ohne Tropenhelm in die Sonne. (...) Wenn Sie von einem Moskito gestochen werden, bekommen Sie Malaria, beißt Sie ein Floh, der von einer toten Ratte stammt, droht die Pest!« Als die Flüchtlingszahlen in den Sommermonaten 1939 weiterhin explodieren, rät das *Jüdische Nachrichtenblatt*, beim Essen in Shanghai auf Fisch und Fleisch (»Auf Würmer achten!«) am besten ganz zu verzichten und Obst und Gemüse vorm Verzehr zu desinfizieren, indem man es »in einer dünnen Lösung von übermangansaurem Kali« abwäscht und spült. Auf keinen Fall »chinesische Strohpantoffeln« und »chinesische Strohmatten« kaufen! Chinesisches Stroh enthalte nämlich »eine Menge Mikroben«, die Hautkrankheiten hervorrufen.

Niemand entscheidet sich aus freien Stücken für Shanghai. Doch wohin? Weltweite Einwanderungsbeschränkungen lassen kaum noch Silberstreifen am Horizont erkennen. »Nicht selten meldet die Chronik von Schiffen, die in den Häfen, für welche sie bestimmt sind, nicht landen können, weil sie als Fracht jüdische Wanderer führen«, so Mitte Juni das *Jüdische Nachrichtenblatt*. Außerdem: »Überseeländer, die in homöopathischen Dosen Juden zugelassen haben, verschließen von einem Tage zum anderen ihre Grenzen, ohne zu bedenken, dass eine größere Anzahl jüdischer Wanderer im Vertrauen auf die bis dahin in Kraft gewesenen Bestimmungen ihre Ausreise bereits völlig vorbereitet haben.« Schon seit Monaten illustrieren Anzeigen das notwendige Umdisponieren und die Angespanntheit: »Wer tauscht Schiffskarte ab Genua 27. April in 29. März?« – »Passagen für Chile gesucht: 2 Personen via Peru per März bis Mai« – »Brasilien: Wer betreut acht-jährigen Jungen auf Überfahrt?« – »Cuba: 2 Schiffskarten III. Kl. per 28. März mit ›Orinoco‹ gegen solche im April oder Mai gleich welchen Schiffs oder welcher Kl. zu tauschen …« – »Afrika ab Liverpool, 6. April, I. Kl. Herrenplatz, engl. Linie abzugeben.« – »Wer hilft 3-köpfiger Familie ohne Auslandsbeziehungen schnellstens zur Auswanderung? Vorhandenes Kapital ca. 3.000 RM. Nähere Angaben unter …« – »Kanada? Argentinien? Wer kennt Land & Leute? Wer kann mir beim Auswandern behilflich sein?« – »Welcher Mediziner oder Heilpädagoge, der die Seereise am 8. April mit ›Cordillera‹ ab Hamburg über Porto Colombo antritt, könnte körperlich Behinderten unterwegs betreuen?« – »Wer gibt Passage gegen angemessene Entschädigung ab?« – »2 Plätze 1. Kl. (Doppelkabine mit Bad) für Ende März nach Shanghai abzugeben, Eilzuschriften unter …« –

Im August 1939 ist auch mit den Shanghai-Passagen Schluss, nimmt China nur noch vereinzelt Flüchtlinge auf.

*

»Es ist unmöglich zu erfahren, wann ungefähr wir nach USA können, und ohne diesen Nachweis bekommen wir das Permit für England nicht. Überall wirft man uns Steine in den Weg«, notiert Hertha Nathorff zum Jahresauftakt 1939 in ihr Tagebuch. Mitte Januar teilt ihr der Hilfsverein der Juden in Deutschland mit, dass die Einreiseerlaubnis für August vorliegen wird. Vier Wochen später: »Das Permit für England ist da! Der Aufenthalt für ein halbes Jahr genehmigt!« Heinz sitzt im Zug auf die britische Insel, vorausgeschickt mit einem Kindertransport. »Früh um 6 Uhr haben wir den Jungen zum Schlesischen Bahnhof gebracht. (…) Wie erschütternd das war!«, schreibt Hertha Nathorff am 2. März. Nun steht die Haushaltsauflösung an. Bis ins letzte Detail muss das »Umzugsgut für Auswanderer« in mehreren Vordrucken aufgelistet und termingerecht angemeldet werden. Nicht, was gefällt, darf in die Lifts. Erlaubt sind ausschließlich »Gegenstände, die zum persönlichen Gebrauch notwendig« sind. Was darunter zu verstehen ist, bestimmt ein wieder neuer NS-Imperativ: Unterm Strich ein fast Nichts. Denn alles »Hochwertige«, was »zum Wiederverkauf« geeignet erscheint, hat im Hitlerreich zu bleiben, von der Kamera über das Violoncello bis zum Kristallspiegel. Desgleichen alles, was von »besonderer geschichtlicher, künstlerischer oder kultureller Bedeutung« ist. In genehmigten Ausnahmefällen sind die betreffenden Anschaffungswerte in Form einer Abgabe an die Deutsche Golddiskontbank zu zahlen. Sämtliche im jüdischen Besitz befindlichen »Gegenstände aus Gold, Platin und Silber sowie Edelsteine und Perlen« mussten bereits im März in Pfandleihanstalten abgeliefert werden. Auch Hertha Nathorff erfüllte ihre Pflicht. Die Brillantbrosche von ihrer Mutter, ein Ring von Erichs Großvater, die Halskette, die sie zur Geburt von Heinz geschenkt bekam – alles weg. Lediglich Trauringe und silberne Armbanduhren dürfen behalten werden sowie pro Person ein Tafelsilber-Essbesteck, darüber hinaus »sonstige Silbersachen bis zum Gewicht von 40g je Stück bis zu einem Gesamtgewicht von 200g je Person«. Die Kosten für die Prüfung des Umzugsgutes gehen zu Lasten der Geprüften. Quittiert mit Reichsadler und Hakenkreuz.

Am 27. April 1939 stehen die Koffer der Nathorffs vor der Tür, das Arztehepaar hat keinen Hausschlüssel mehr.

Annonce aus dem Korrespondenzblatt Jüdische Auswanderung,
Sommer 1936

Promenadendeck auf der Bremen

»Es ist vorbei. Um Mitternacht sind wir fortgefahren«, lautet Hertha Nathorffs vorletzter Tagebucheintrag. Und ihr letzter, am 28. April: »Auf der ›Bremen‹! (…) Das Schiff ist wie ein Gespensterschiff. Kein Passagier, niemand von der Besatzung, niemand ist zu sehen, nur ich gehe suchend durch die Gänge. (…) Ich will mir eine neue Heimat verdienen!«

*

Seit ihrer Emigration nach England, Ostern 1934, ließ Tisa von der Schulenberg vorschriftgemäß Jahr für Jahr ihre Aufenthaltsgenehmigung verlängern. Nun, Ostern 1939, steht der Termin wieder an. Doch hat sich inzwischen Einschneidendes getan. Fritz Hess und sie sind auseinandergegangen. Im Guten, sehr Guten sogar, was die Scheidung nicht einfacher gemacht hat. Für den Distrikt Durham soll Tisa 1939 als Kunstberaterin tätig sein. »Zog mich das Bergwerk so an, weil ich mich in der Finsternis befand? Im Dunkeln tappte? In mir war Unruhe, in meinem Leben Unordnung«, schreibt sie in ihren Erinnerungen. Das Sommerhaus in Walberswick hatte Fritz ihr geschenkt. Aber Tisa kann es nicht halten, muss es schon bald veräußern. »Ich zeichnete Stürzende, Fallende«. Ihre Mutter erlitt mehrere Schlaganfälle, ihr seit langem schwer kranker Vater wird in einem Lungensanatorium in St. Blasien im Schwarzwald gepflegt. Es drängt sie zu einem Besuch in Deutschland. Ihr neuer Pass ist aber noch nicht da, der Pass mit ihrem Mädchennamen. Ohne ihn gibt es keine Aufenthaltsverlängerung. Kriegsangst sitzt Tisa im Nacken. Und der Konflikt mit ihren Eltern. Auf einer Wanderung entlang der hohen, felsigen Klippen von Cornwall in wilder Einsamkeit kreist ihr durch Kopf: »Wozu lebte ich? Wo war der Sinn?«

Zurück in London, kann sie ihren Pass in der deutschen Botschaft abholen. Sechs Monate dauerte die Bearbeitung. Am nächsten Morgen trifft ein Telegramm ihrer Brüder ein: Der Vater liegt im Sterben. Mittags sitzt Tisa im Flugzeug nach Köln. Aufwühlende Tage stehen ihr bevor, eingeholt von Gefühlen, die sie in die Schächte der Vergangenheit katapultieren. In Berlin trifft sie Fritzi, ihren Lieblingsbruder. Nach einer halben Ewigkeit. Er vertraut ihr an, dass er mit Gleichgesinnten ein Attentat auf Hitler vorbereitet.

Nach dem Begräbnis des Vaters in Tressow, das nicht mehr das Tressow ihrer Träume ist, fliegt Tisa nach London zurück. Im Grenz-Office verwehrt man ihr die Wiedereinreise und beordert sie dorthin zurück, woher sie vor wenigen Stunden gekommen ist. Noch am selben Tag, den 2. Juni 1939.

Im August stirbt Tisas Mutter nach einem weiteren Schlaganfall. Für Tisa ein Zeichen des nahenden Krieges. »Der Totentanz begann ...«

*

Die jüdische Auswanderung wird immer unübersichtlicher, immer waghalsiger und mehr und mehr zum Geschäft. Denn nun profitieren zunehmend auch international agierende Schlepperbanden davon, die »sichere« Passagen zu horrenden Preisen verkaufen, meist auf seeuntüchtigen Trajekten, überfüllten Booten und abgewrackten Frachtern, weil jene, die in die Fänge obskurer Mittelsmänner geraten, nur einen Wunsch haben: Raus aus dem SS-Staat, egal wie! Am 1. Juli 1939 schockiert das Exilmagazin *Das neue Tagebuch* aus Amsterdam und Paris mit einem Report *Die durch die Meere irren:* »Zehntausend wandernde Juden ohne Visa und ohne Geld werden heute, wie Tiere, durch die Straßen der Niemandslande und der Niemandsmeere gejagt. Ohne Heim kampieren sie zwischen den Grenzen Deutschlands und seiner Nachbarn.« Achtzehn Ozeandampfer mit über fünftausendsechshundert jüdischen Männern, Frauen und Kindern kamen dem Report zufolge in den zurückliegenden drei Monaten nie an ihrem Zielort an. Etliche Levante-Schiffe wie die *Agios Nicolaos, Astir* und *Marmora* starteten in griechischen Häfen auf dem Weg nach Palästina. Ohne Erfolg. Die Abgewiesenen werden auf »Einöd-Inseln« ausgesetzt oder in »verborgene Höhlen der weinbeschatteten ägäischen Küste« verbracht. Eine der Hauptursachen der verheerenden Zustände sind die stark herabgesenkten Einwanderungskontingente auf der Basis des britischen Weißbuchs vom Mai 1939, deren Verlautbarungen zufolge die Einwanderungen nach Palästina bis 1944 auf jährlich zehntausend sowie einmalig fünfundzwanzigtausend Flüchtlinge begrenzt werden sollen. Danach sind keine jüdischen Einwanderungen mehr vorgesehen, »es sei denn, die Araber Palästinas wären hierzu bereit«, wie es in einem der entscheidenden Punkte heißt. In einem weiteren bekundet die »Regierung Seiner Majestät« ihre Entschlossenheit, »die illegale Einwanderung zu verhindern«, was diese aber umso gnadenloser ankurbelt. Den arabischen Zorn bewusst aufstachelnd, hat die Gestapo bei ungezählten illegalen Passagen ihre Finger im Spiel, organisiert über die im Januar 1939 vom Reichsinnenministerium konstituierte Reichszentrale für die jüdische Auswanderung, einem Organ der Geheimen Staatspolizei nach dem Muster der ähnlich lautenden Zentralstelle für die jüdische Auswanderung in Wien unter Adolf Eichmann.

Anders als mit den illegalen Passagen verhält es sich mit jener regulären der *St. Louis*, die weltweites Aufsehen erregt. Am 13. Mai 1939 legt das Hapag-Schiff im Hamburger Hafen Richtung Kuba ab. »Schönes Wetter, reine Seeluft«, schreibt

Kapitän Gustav Schröder in seinem Tatsachenbericht *Heimatlos auf hoher See* (1949), aber schon nach einigen Tagen irritieren Telegramme mit »Andeutungen über Landungsschwierigkeiten«. Und dazu kommt es denn auch, schlimmer sogar. Obwohl alle Passagiere korrekte Papiere vorweisen können, werden diese von der kubanischen Regierung für ungültig erklärt. Eine viel beschriebene und mehrfach verfilmte Irrfahrt beginnt, die sich über Wochen hinzieht, bis man den Verdammten in Brüssel, Den Haag, Paris und London Asyl gewährt. Hilde Marx lebt zu jener Zeit bereits in den USA, am 14. November 1938 trifft sie in New York ein. In einem unveröffentlichten Gedicht schreibt die Achtundzwanzigjährige über *Die 907 vor Cuba* – drei Strophen, die die Gemütsverfassung der Unerwünschten in Worte fassen, endend mit den Zeilen:

Spart Eure Kräfte – ihr müsst uns nicht droh' n –
Ihr werdet sie einmal noch brauchen.
Wir wissen. Wir gehen von selber schon.
Gut wird es sein, unterzutauchen.
Auf dem fernen Grunde des Meeres, vielleicht,
ist Raum noch für uns und die Kinder.
In dieses gnädige Dunkel reicht
der Arm nicht menschlicher Schinder.
Was wollt ihr? Uns retten? Das könnt ihr nicht mehr.
Uns hat schon die Erde verloren.
Das Herz zieht hinab, wie ein Felsen so schwer.
Der Tod kriecht uns kalt in die Poren.
Nicht lang – und wir werden vergessen sein.
Doch wenn Menschen einmal wieder leben:
Dann wird unsre Schatten der Morgenschein
Mit goldenen Kränzen umweben - - -

Ausreise der St. Louis *aus dem Hamburger Hafen*

Annoncen aus dem Aufbau, *November 1939*

*

Mit dem Überfall der deutschen Wehrmacht auf Polen am 1. September 1939 bricht der Zweite Weltkrieg aus. Die jüdische Bevölkerung im »großdeutschen« Reich darf nicht mehr im Besitz von Radioapparaten sein und ab acht Uhr abends nicht mehr auf die Straße gehen. In wenigen Monaten wird man ihnen ihre Fernsprechanschlüsse kündigen, die Benutzung von Schecks verbieten und ihre Scheckhefte einziehen. Kosten für Passagen, Landungsdepots und Visagebühren sind ab sofort in Devisen zu zahlen, Geldtransfers zum Zwecke der Auswanderung werden eingestellt. In den kommenden Wochen werben Reisebüros im *Aufbau* mit Angeboten: »Schiffskarten auf Ratenzahlungen durch Bankfinanzierung, um es Ihnen zu ermöglichen, Ihre Verwandten aus der Unterdrückung zu befreien.« Vorbehaltlich plötzlicher Änderungen weisen aktuelle Mitteilungen darauf hin: »Für Auswanderer, die das USA-Visum besitzen, braucht nur noch bei einem hiesigen Reisebüro die Schifffahrtspassage für eine neutrale Linie bezahlt zu werden. Die Aushändigung des Billets kann sodann telegraphisch nach Deutschland, also in einem Tag, angewiesen werden, um keine Minute zu verlieren.« Dass Schiffsfahrkarten noch verfügbar sind, bestätigt auch das Unternehmen Zara Tours, nach eigenen Aussagen das »älteste Reisebüro« in New York: »Wenn Ihnen Verwandte und Freunde wegen Schiffskarten kabeln, helfen wir Ihnen, dieselben in kürzester Frist von Europa nach hier zu bringen. Sichern Sie sich Karten, bevor neue Preiserhöhungen eintreten!« Frachtexperten geben bekannt, dass »sämtliche nicht-deutschen Reedereien« durch den Krieg die Annahme von Reichsmark zur Zahlung der Seefracht verweigern, weshalb Einwanderern nichts anderes übrig bleibe, als »Seefracht und Hafenspesen in Dollar zu bezahlen oder auf ihr Eigentum zu verzichten«, darüber hinaus würden die Seefrachten erhöht, »ab Rotterdam/Antwerpen um 50 Prozent, ab Italien um 75 Prozent, von anderen Häfen sogar um 100 Prozent«.

Bis zum Jahresende häufen sich Meldungen zum jüdischen Flüchtlingselend auf See, unfassbar zwei Tage vor Weihnachten: »In den rumänischen Gewässern der Donau sind vier kleine Dampfer und Barken mit über 2.000 Flüchtlingen aus dem Reich gestrandet. Sie stammen meist aus Wien und Prag. Über 809 davon befinden sich auf dem deutschen Dampfer ›Saturnus‹, meist Frauen und Kinder (…), 500 leben auf der Barke ›Spirnla‹, die anderen auf zwei jugoslawischen Fahrzeugen. Todesfälle und Geburten sind die einzige Abwechslung der Unglücklichen, die weder in Rumänien landen durften noch vorläufig irgendein Ziel haben. Viele von ihnen tragen noch die Spuren der Misshandlungen durch die Gestapo.«

*

Nach ihrer unfreiwilligen Rückkehr nach Deutschland zieht sich Tisa von der Schulenburg ins Mecklenburgische zurück. Alles hat sich dort seit dem Krieg verändert: auf den Marktplätzen um die gotischen Backsteinkirchen herum, in den stillen Dörfern, selbst der Duft der Felder, die Ostseehimmelsbläue. »Was ich sah, war ein Bild wie in einem Zerrspiegel«, schreibt sie in ihren Erinnerungen. Und weit und breit die Menschen wie erstarrt. »Sie wollten nicht hören, nicht sehen, nicht sprechen.«

Verspätet. Versunken. Verschleppt.

Und ganz schwarze Nacht und ganz schwarze Wellen

Die letzten Geldreserven schmelzen dahin. Für August 1939 waren die Visa für die USA zugesagt. Doch der Termin verstrich. Zwar sind Hertha und Erich Nathorff nun wieder mit ihrem Jungen zusammen. Aber das Dasein in ihrer Bleibe in einem Londoner Vorort zermürbt: »Unsere Schiffskarten sind verfallen, unser Geld in Deutschland ist nicht transferiert worden, unser Lift in Holland ist verloren, weil wir jetzt den Transport in Devisen ein zweites Mal zu bezahlen hätten.« Was Hertha Nathorff glücklicherweise bei sich hat, sind einzelne lose Blätter von ihren Tagebuchaufzeichnungen. Das Tagebuch selbst verschwindet auf unerklärliche Weise bei der Spedition nach New York. Erst im Nachhinein schildert sie daher ihre Überfahrt vom 22. Februar 1940 auf der *Volendam* der Holland-Amerika-Linie mit Sitz in Rotterdam: »Februarstürme tobten über das Meer. (...) Selten nur kreuzte ein Schiff unseren Pfad, und wenn schon, nur abgeblendet, es war ja Krieg.« Bis sich Hertha Nathorff für diese Sätze entscheidet, probiert sie andere Fassungen aus. Das bezeugen ihre Notizen in einem Konvolut im Deutschen Exilarchiv. An einer Stelle ist dort von »stürmischer Überfahrt« zu lesen, an ein einer anderen vom »aufgewühlten Meer«, dann vom »schwersten Orkan, den das Schiff je zu überstehen hatte« – Abbilder ihres Gemützzustandes, die das Herausgerissensein aus ihren einstigen Vertrautheiten widerspiegeln. Die amerikanischen Zollkontrollen, vor denen vielen Einwanderern mulmig ist, gehen problemlos über die Bühne, nur die schwarzen Pappen, mit denen Hertha Nathorff in London ihre Fenster verdunkelte (die Gefahr der drohenden deut-

167

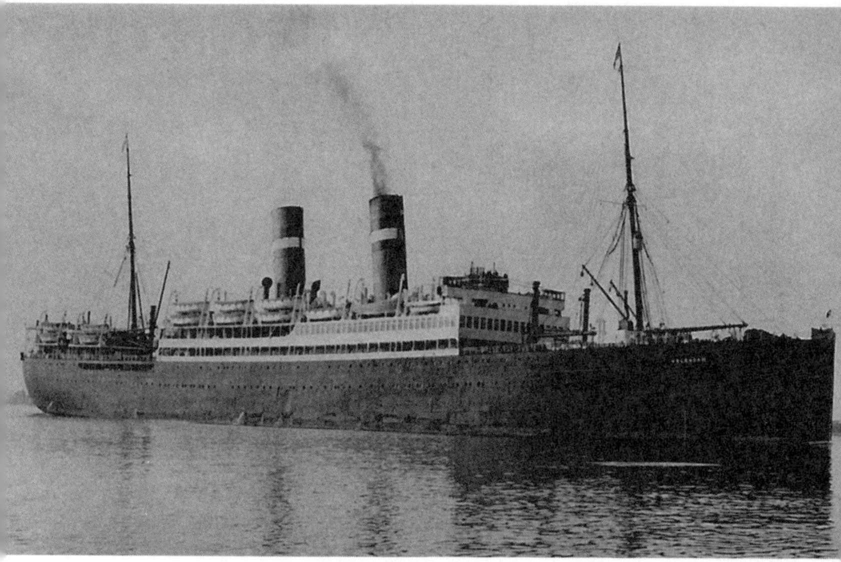

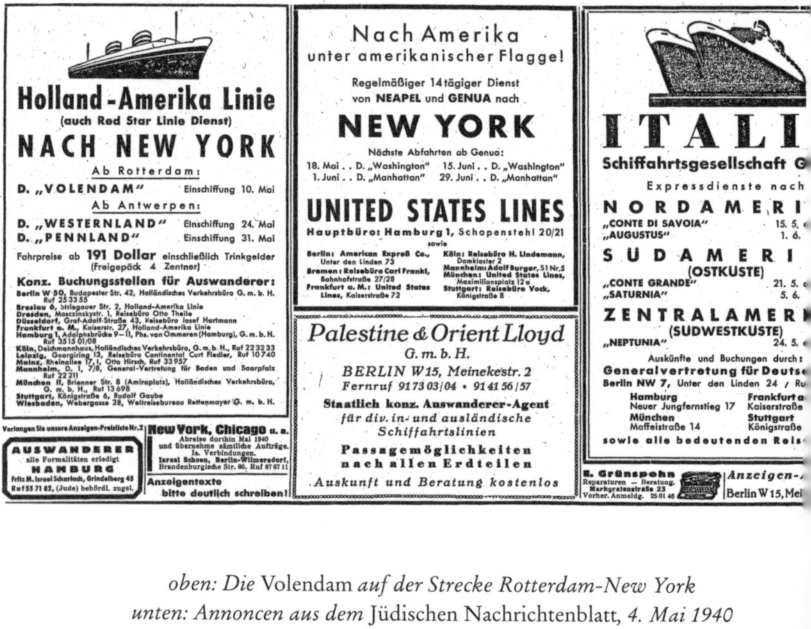

Holland-Amerika Linie
(auch Red Star Linie Dienst)
NACH NEW YORK
Ab Rotterdam:
D. „VOLENDAM“ Einschiffung 10. Mai
Ab Antwerpen:
D. „WESTERNLAND“ Einschiffung 24. Mai
D. „PENNLAND“ Einschiffung 31. Mai
Fahrpreise ab **191 Dollar** einschließlich Trinkgelder
(Freigepäck 4 Zentner)
Konz. Buchungsstellen für Auswanderer:
Berlin W 50, Budapester Str. 42, Holländisches Verkehrsbüro G. m. b. H. Ruf 25 33 55
Breslau 6, Striegauer Str. 2, Holland-Amerika Linie
Dresden, Mosczinskystr. 1, Reisebüro Otto Theile
Düsseldorf, Graf-Adolf-Straße 43, Reisebüro Josef Hartmann
Frankfurt a. M., Kaiserstr. 27, Holland-Amerika Linie
Hamburg 1, Adolphsbrücke 9–11, Phs. van Ommeren (Hamburg), G. m. b. H. Ruf 35 15 01/08
Köln, Deichmannhaus, Holländisches Verkehrsbüro, G. m. b. H., Ruf 22 32 33
Leipzig, Georgiring 13, Reisebüro Continental Curt Fiedler, Ruf 10 740
Mainz, Rheinallee 17, I, Otto Hirsch, Ruf 33 957
Mannheim, D. 1, 7/8, General-Vertretung für Baden und Saarpfalz Ruf 22 211
München II, Brienner Str. 8 (Amiraplatz), Holländisches Verkehrsbüro, G. m. b. H., Ruf 13 698
Stuttgart, Königstraße 6, Rudolf Gaube
Wiesbaden, Webergasse 28, Weltreisebureau Rettenmayer G. m. b. H.

Verlangen Sie unsere Anzeigen-Preisliste Nr. 2

AUSWANDERER
alle Formalitäten erledigt
HAMBURG
Fritz M. Israel Scharlach, Grindelberg 45
Ruf 55 71 82, (Jude) behördl. zugel.

New York, Chicago u. a.
Abreise dorthin Mai 1940
und übernehme sämtliche Aufträge.
Ia. Verbindungen.
Israel Schoen, Berlin-Wilmersdorf,
Brandenburgische Str. 80, Ruf 87 67 11

Anzeigentexte
bitte deutlich schreiben!

Nach Amerika
unter amerikanischer Flagge!
Regelmäßiger 14tägiger Dienst
von **NEAPEL** und **GENUA** nach
NEW YORK
Nächste Abfahrten ab Genua:
18. Mai . . D. „Washington“ 15. Juni . . D. „Washington“
1. Juni . . D. „Manhattan“ 29. Juni . . D. „Manhattan“
UNITED STATES LINES
Hauptbüro: Hamburg 1, Schopenstehl 20/21
sowie
Berlin: American Expreß Co., Unter den Linden 73
Bremen: Reisebüro Carl Frankl, Bahnhofstraße 27/28
Frankfurt a. M.: United States Lines, Kaiserstraße 72
Köln: Reisebüro H. Lindemann, Domkloster 2
Mannheim: Adolf Burger, S1 Nr. 5
München: United States Lines, Maximiliansplatz 12 a
Stuttgart: Reisebüro Vock, Königstraße 8

Palestine & Orient Lloyd
G. m. b. H.
BERLIN W15, Meinekestr. 2
Fernruf 91 73 03/04 • 91 41 56/57
Staatlich konz. Auswanderer-Agent
für div. in- und ausländische Schiffahrtslinien
Passagemöglichkeiten nach allen Erdteilen
Auskunft und Beratung kostenlos

ITALI
Schiffahrtsgesellschaft G
Expressdienste nach
NORDAMERI
„CONTE DI SAVOIA“ 15. 5.
„AUGUSTUS“ 1. 6.
SÜDAMERI
(OSTKÜSTE)
„CONTE GRANDE“ 21. 5.
„SATURNIA“ 5. 6.
ZENTRALAMER
(SÜDWESTKÜSTE)
„NEPTUNIA“ 24. 5.
Auskünfte und Buchungen durch:
Generalvertretung für Deuts
Berlin NW 7, Unter den Linden 24 / Ru
Hamburg Neuer Jungfernstieg 17
Frankfurt a Kaiserstraße
München Maffeistraße 14
Stuttgart Königstraße
sowie alle bedeutenden Reis

E. Grünspohn
Reparaturen – Beratung.
Markgrafenstraße 23
Vorher. Anmeldg. 25 01 46

Anzeigen-
Berlin W 15, Mei

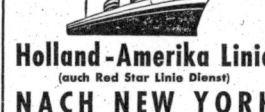

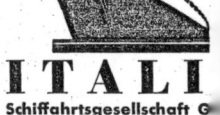

oben: Die Volendam *auf der Strecke Rotterdam-New York*
unten: Annoncen aus dem Jüdischen Nachrichtenblatt, *4. Mai 1940*

schen Geschwader schwelte schon über der Stadt) und die sie nun zum Schutz ihres Kofferinhalts benutzt, lassen den US-Beamten im ersten Moment stutzen. Doch dann winkt er sie durch, »mit einem herzlichen ›viel Glück‹!« Ein Vierteljahr später erreicht Carl Zuckmayer mit seiner Familie und dem greisen zahnlosen Hund Mucki (nach der Landung als »1 dog, object of no value« deklariert) auf der *Statendam* New York. Das Schiff gehört zur selben Linie wie die *Volendam*. In seinen Memoiren erzählt auch »Mister Ssackmähr«, wie Zuckmayer seinen künftigen Namensklang vergnügt ironisiert, von »hohem Seegang« auf der Atlantiküberfahrt, einen Tag vor ihrer Ankunft, am 6. Juni 1939. Mit Alice beobachtet er eine Flotte von Fischkuttern, die mit Sturzwellen kämpft. Später spricht sich herum, dass einer der Kutter kenterte und mit der ganzen Mannschaft unterging. »Gegen Abend kam man in stillere Gewässer, das Feuerschiff vor der Küste von Long Island war zu sehen, ferne Lichter flimmerten: Amerika. (…) Ich merkte, dass ich Angst hatte vor dieser Stadt, vor der Fremde, vor allem, was kommen werde.«

Bereits wenige Wochen nach ihren ersten Eingewöhnungsversuchen – »Eine kleine, karg möblierte Stube / Ist, was heute ›Heim‹ wir nennen, / Da von Heim und Haus und Heimat / Wir so jäh uns mussten trennen …« – reicht Hertha Nathorff ihr Tagebuch zu einem Manuskript-Wettbewerb der Harvard University in Cambridge, Massachusetts, ein. Motto: »Mein Leben in Deutschland vor und nach dem 30. Januar 1933«. Als Preise stehen $ 1.000 aus, gestaffelt in $ 500, $ 250, $ 100 und $ 50 für den ersten bis vierten Platz sowie fünfmal $ 20 für den fünften Platz. Aufhänger für den Wettbewerb ist eine wissenschaftliche Materialsammlung zur Analyse des nationalsozialistischen Deutschland. Die Texte müssen autobiografisch und unveröffentlicht sein. Mindestumfang: zwanzigtausend Worte nach Belieben auf Englisch oder auf Deutsch. Abgabeschluss: 1. April 1940. Hertha Nathorff schafft es unter die Gruppe der fünf und wünscht sich im Geheimen, dass die Jury ihr Manuskript als Buch herausbringt. Doch nach ausgewerteter Lektüre sortiert man es in die Universitätsmagazine ein, bis es wieder entdeckt und als *Das Tagebuch der Hertha Nathorff* (1987) erstmals erscheinen wird, herausgegeben von Wolfgang Benz, ergänzt um die New Yorker Einträge bis zum Kriegsende 1945.

*

Nach dem von Hitler losgetretenen Angriffskrieg vibriert das *Jüdische Nachrichtenblatt* geradezu, das sich 1940 fast ausschließlich mit Auswanderungsfragen befasst. Von Heft zu Heft nimmt die Sprache an Tempo auf, immer wieder sticht der Begriff »Beschleunigung« heraus, getrieben von der noch schärferen Gangart des Propagandaministeriums. »Im gegenwärtigen Zeitpunkt kommt es darauf an, etwa 200.000 Juden, die sich noch im Altreich befinden, die Einwanderung in überseeische Länder zu ermöglichen, und diese Aufgabe muss mit Beschleunigung durchgeführt werden«, heißt es im März. Auch die Themenwahl und die Gestaltung vermitteln, dass jede Sekunde zählt, denn es ist fünf Minuten vor zwölf. Dutzende von Erfahrungsberichten über positiv verlaufene Auswanderungen sollen zum Nachahmen motivieren, ebenso Fotomontagen zu »Juden unterwegs«, um den »Wanderungsprozess so sehr wie möglich zu beschleunigen«. Unter der Überschrift »Ausnutzung aller Chancen!« werden Siedlerprojekte vorgestellt, beispielsweise aus Bolivien, wohin im ersten Quartal 1940 immerhin vierhundertfünf gründlich Vorbereitete emigrieren. Artikel mit Ausrufezeichen: »Bah-

Fotomontage aus dem Jüdischen Nachrichtenblatt, *16. Juni 1939*

Annoncen aus dem Jüdischen Nachrichtenblatt,
5. November und 1. Oktober 1940

net, bahnet den Weg!«, »Nicht länger warten!« drängen und mahnen. Und der Jüdische Kulturbund empfiehlt: »Bücher mitnehmen!« Für lange Abende in der Fremde sei »das Buch der beste Kamerad«. Regelmäßig bringt das *Nachrichtenblatt* die Anschriften der Bücherverkaufsstellen des Bundes in Berlin, Hamburg, Frankfurt am Main, Breslau und Leipzig heraus. Ein wohltuendes Angebot. Von den Überwachungsinstanzen aber nicht absichtslos erlaubt. Ist doch der jüdische Buchbestand seit der Zerschlagung der jüdischen Verlage unübersehbar groß, sein rascher Abverkauf zur Flüssigmachung von Geldern für Auswanderungszwecke daher ein weiterer Motor zu ihrer Beschleunigung.

Aus der traurigen Tatsache, dass vielen »Auswanderungsreflektanten« inzwischen alle Mittel zur Flucht fehlen, wird die Idee von Patenschaften geboren, verstanden als Kontaktaufnahme mit jüdischen Familien oder Einzelpersonen in Übersee, die die Kosten für die Passage übernehmen. Mit einer zweiteiligen Serie über *Die neuen Auswanderungswege* überrascht das *Nachrichtenblatt* am 18. und 21. Juni, als das Mittelmeer »kriegsbedingt nicht mehr passierbar« und daher »völlig in Wegfall geraten« ist.

Als Lösung werden »kombinierte Land- und Seewege« über den (nun gebilligten) Fernen Osten in die USA und nach Südamerika präsentiert, veranschaulicht mit einer geografischen Überblickskarte zur Route: »Berlin – Moskau – Otpor – Manschouli – Harbin – Hsingking – Mukden – Fusan – Shimonoseki – Kobe – Yokohama – Nordamerika Westküste (San Franzisco bzw. Los Angeles bzw. Seattle)«, alternativ ab Yokohama über Balboa durch den Panama-Kanal Richtung Südamerika. Nach wie vor kümmert sich der Hilfsverein der Juden in Deutschland um die jüdischen Auswanderungen nach Übersee und stellt daher für das *Nachrichtenblatt* auch die Fahrpläne der japanischen Schifffahrtslinie Nippon Yusen Kaisya einschließlich ihrer Dampfer *Hie Maru, Helan Maru, Hikawa Maru* oder *Kamakura Maru* (»Maru heißt Schiff«) zusammen, dazu wichtige Adressen vor Ort, etwa von Hotels zum Übernachten vor der Passage in Kobe und Yokohama.

Unablässig rollen neue alarmierende Meldungen heran. Bezüglich der USA werden ab Juli für verfallene Visa keine »Replace-Visa« mehr erteilt: »Sollte es einem Visumsinhaber trotz größter Sorgfalt und aller erdenklichen Bemühungen nicht möglich gewesen sein, vor Ablauf seines Visums die Schiffsreise nach den Vereinigten Staaten anzutreten, so bedarf es der Einleitung eines neuen Verfahrens bei dem für seinen Wohnsitz zuständigen amerikanischen Einwanderungskonsulat. Das neue Verfahren bedingt einen neuen Antrag. Neue ärztliche Untersuchung und neue Gebührenzahlung.« Dass Passagen kriegsbedingt ausfallen, interessiert Konsulate nicht. Sie verlangen sogar neue Affidavits, sofern die bisherigen veraltet sind, was dann der Fall ist, wenn deren Ausstellungsdatum vor dem der voraussichtlich neuen Visumserteilung über ein Jahr zurückliegt. Das *Nachrichtenblatt* legt Betroffenen daher dringend nahe, per Luftpost von ihren Affidavitgebern neue zu erbitten. »Ist es im Einzelfalle schwierig, ein neues Affidavit zu bekommen, so dürfte vielleicht auch genügen, wenn der Affidavitgeber auf das frühere Affidavit Bezug nimmt und in beglaubigter und beschworener Form die Erklärung gibt, dass er sein früheres Affidavit aufrechterhalte; die Beweismittel für sein Einkommen und sein Vermögen sollten aber auch in diesem Falle erneuert werden, falls sie veraltet sind. Ebenso ist für die rechtzeitige Verlängerung von befristet gestellten Bankkrediten (Trustfunds) Sorge zu tragen.«

22.6.1940

Jüdisches NACHRICHTENBLATT

Preis 15 Rpf.

Verlag: Jüdischer Kulturbund in Deutschland e. V., Abteilung Verlag, Berlin W 15, Meinekestr. 10 / Zweigstelle Wien: Wien I, Marc-Aurel-Straße 5 / Erscheint zweimal wöchentlich.
Redaktion für die Ausgabe Berlin: Berlin W 15, Meinekestraße 10 (Telefon 91 90 31); für die Ausgabe Wien: Wien I, Marc-Aurel-Straße 5 (Telefon U 22 2 11) / Einsendungen an die Redaktion,
Berlin W 15, Meinekestraße 10 / In Fällen höherer Gewalt besteht kein Anspruch auf Nachlieferung oder Erstattung bereits gezahlter Bezugsgebühren / Bezugsgeld einschließlich Bestellgeld
je Monat RM. 1,12, je Vierteljahr RM. 3,36 (einschl. Postzeitungsgebühr von 10 Rpf. je Monat); bei Abholung RM. 1,— bzw. RM 3,— / Postscheck-Konto: Berlin Nr. 172 605 Jüdischer Kulturbund

Nummer 50 — **Freitag, den 21. Juni 1940** — **Jahrgang 1940**

Die neuen Auswanderungswege

Kombinierte Land- und Seewege über den Fernen Osten

Die Wanderungsabteilung der Reichsvereinigung der Juden in Deutschland teilt mit:

Nachdem die bisherigen regelmäßigen Schiffahrtswege für die Auswanderer nach dem Fernen Osten und nach Nord- und Südamerika zum Mittelmeer aus zweifelhaft geworden oder völlig in Wegfall geraten sind, hat die Wanderungsabteilung der Reichsvereinigung sofort mit allen in Betracht kommenden Stellen Verhandlungen über die Erschließung des Landweges nach dem Fernen Osten und eines kombinierten Land- und Seeweges über den Fernen Osten nach Nord- und Südamerika aufgenommen. Schon frühzeitig war Vorsorge getroffen worden, damit, wenn es notwendig werden sollte, die Auswanderung nach dem Fernen Osten umgelenkt werden könnte. Diese Notwendigkeit ist nunmehr eingetreten, wenn auch noch weitere Bemühungen im Gange sind, den Mittelmeerweg von anderen als den bisherigen Ausgangshäfen aus weiter zu benutzen. Um die "Nachhaltigkeit" und "Regelmäßigkeit der Auswanderung zu gewährleisten, wird sie aber darauf ankommen, die hierfür gegebenen technischen Möglichkeiten der Reise über den Fernen Osten in vollem Umfange wahrzunehmen.

Wir geben nachstehend eine Uebersicht (vgl. auch Kartenschaubild) über die wichtigsten der in Betracht kommenden Reisewege für unsere Auswanderer nach dem Fernen Osten und über den Fernen Osten nach Nord- und Südamerika:

1. Landweg nach Schanghai über Mandschukuo:

Berlin — Königsberg — Wirballen — Dünaburg — Bigossowow — Moskau — Perm — Omsk — Otpor — Manschouli — Harbin — Hsingking — Schanghai

2. Kombinierter Land- und Seeweg nach Schanghai über Wladiwostok:

Berlin — Königsberg — Wirballen — Dünaburg — Bigossowow — Moskau — Perm — Krasnojarsk — Wladiwostok — (von da ab Seeweg) — Tsuruga — Schanghai

Bei dieser Route wird das mandschurische Staatsgebiet nicht berührt. Infolgedessen entfällt die Notwendigkeit des mandschurischen Durchreisevisums. Daher kann dieser Weg sobald für hier noch bestehenden Schwierigkeiten überwunden werden, voraussichtlich auch von solchen Personen benutzt werden, die zwar nicht im Besitze eines japanischen Schanghai - Permits, wohl aber im Besitze eines Permits eines anderen Konsessions-Gebietes in Schanghai sind. Dafür muß von Wladiwostok aus der Seeweg über den japanischen Hafen Tsuruga benutzt werden. Allerdings wird das russische Durchreisevisum für diese Route nur in beschränkter Zahl in Moskau erteilt, was nach den bisherigen Erfahrungen einige Wochen in Anspruch nimmt.

Dieser Weg kann benutzt werden von Inhabern deutscher J-Pässe, die eine Einreisegenehmigung für Schanghai, ausgestellt vom Japanischen Generalkonsulat in Schanghai, besitzen. Auf Grund dieser Einreisegenehmigung wird das Japanische Durchreisevisum erteilt, das die Voraussetzung für die Erteilung der übrigen erforderlichen Durchreisevisen in rückwärtiger Reihenfolge, nämlich von Mandschukuo, Rußland, Litauen, Litauen bildet. Fahrmöglichkeit besteht zweimal wöchentlich ab Moskau, Januar Bahnhof, jeweils Sonntag und Donnerstag.

3. Auswanderung nach Nordamerika über den Fernen Osten:

Berlin — Moskau — Otpor — Manschouli — Harbin — Hsingking — Mukden — Fusan — Shimonoseki — Kobe — Yokohama — Nordamerika Westküste (San Franzisko bzw. Los Angeles bzw. Seattle)

Für den Seeweg stehen die Schiffe der japanischen und amerikanischen Schiffahrtslinien zur Verfügung. Da ein großer Teil der verfügbaren Schiffsplätze für die monatlich etwa zweimal stattfindenden Abfahrten auf einige Zeit bereits belegt ist, ist dafür Sorge getragen worden, daß freie Plätze aller Schiffsklassen der Wanderungsabteilung der Reichsvereinigung gemeldet und zur Verfügung gestellt werden, damit von ihr aus die Verteilung des verfügbaren Schiffsraumes, vor allem nach Maßgabe der Verfallzeiten der amerikanischen Einwanderungsvisen, an Auswanderer aus dem Altreich, der Ostmark und dem Protektorat vorgenommen werden kann. Auf diese Weise ist es gelungen, bereits für die Abfahrten im Juli und August eine Anzahl von Plätzen besonders solchen Auswanderern auszuteilen, deren Einwanderungsvisen sonst verfallen würden. Es ist außerdem dafür Vorsorge getroffen worden, daß demnächst in den größeren Umsteighäfen unter Initiative und Mitwirkung der amerikanischen jüdischen Hilfsorganisationen ein regelmäßiger Dienst für die Betreuung der dort ankommenden Auswanderer eingerichtet wird.

4. Auswanderung nach Südamerika (Westküste) und nach Westindien über den Fernen Osten:

Berlin — Moskau — Yokohama — Balboa (Panama-Kanal) — Südamerika Westküste

Auch für diese Route ist die Bereitstellung der noch verfügbaren Schiffsplätze sichergestellt worden. Es kommt besonders in Betracht für die Ausreise der Santo Domingo-Siedler, der bestätigten Bolivien-Auswanderer sowie für alle anderen Auswanderer nach Südamerika, zumal in Balboa Umsteigemöglichkeiten bestehen.

Nach Südamerikas Ostküste führt ab Yokohama eine Japanische Ostküste über Indischen Ozean — Kap der Guten-Hoffnung — Atlantischen Ozean. Trotzdem die Fahrtdauer dieser Linie noch unwesentlich länger ist und daher auch die Passagekosten höher sind, haben bereits vereinzelte Ausreisen auf dieser Route ohne Schwierigkeiten stattgefunden.

Die Reisedauer auf dem Landwege bis Japan dauert etwa 17 Tage, die Reise auf dem Seeweg nach USA. etwa weitere 17 Tage, zusammen mit den Aufenthalten, während denen die Auswanderer durch die Hilfsorganisationen versorgt werden, etwa 40 Tage. Die Kosten für die Landreise können im wesentlichen in Reichsmark bezahlt werden, die Devisenkosten für die sich daran anschließenden Seereisen sind bei den Routen anschließenden Seereisen sind bei den Routen nach Yokohama nach Nordamerika und Südamerika (Westküste) nur um einen mäßigen Betrag höher als die Passagekosten für die bisher benutzten direkten Seewege.

Alle Auswanderer werden gebeten, sich zwecks der für ihren Wohnort zuständigen Beratungsstellen der Wanderungsabteilung der

Zeichnung: Hans Israel Rewald

Hinsichtlich der Reisedauer vgl. die obigen Mitteilungen

Der Landweg über den Fernen Osten

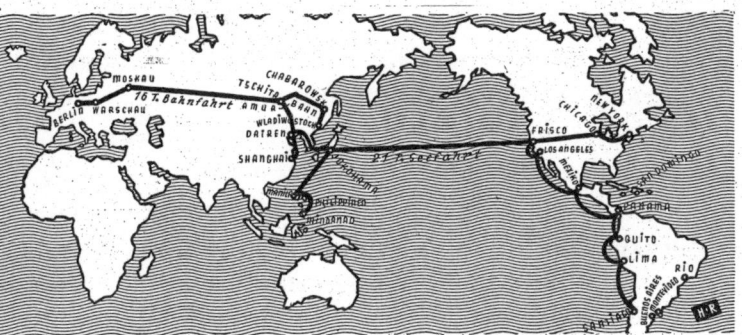

37/136

Zum Schock, nicht abreisen zu können, kommt die Empörung, dass von den Reedereien meist nur fünfundsiebzig Prozent der entrichteten Passagekosten zurückerstattet werden. Manch einer klagt auf Schadensersatz, stößt aber auf Granit, wie »Schiffskarten-Urteile« zeigen, da sich die Gerichte nicht auf das Argument einlassen, Krieg sei höhere Gewalt. Im Einvernehmen mit dem Reichsminister des Inneren halten sie jene einbehaltenen fünfzehn Prozent für »einwandfrei« gerechtfertigt, da die gestiegene »Auswanderung von Nichtariern« für die Reedereien erhöhte Verwaltungskosten mit sich bringen würde.

Dass es »im Rahmen jeder Wanderungsbewegung Höhen und Tiefen« gibt, es aber dennoch gelingt, »hoffnungsvolle Entwicklungen« anzubahnen, erklärt das *Jüdische Nachrichtenblatt* Anfang September und präsentiert kurz darauf den nun »direkten Seeweg« nach New York: von Lissabon. Die wohl bekannteste Emigrantengruppe, die sich nach beschwerlichem Fußmarsch über die Pyrenäen ins neutrale Portugal aufmacht, ist damals jene um Heinrich und Nelly Mann, Golo Mann, Franz Werfel und Alma Mahler-Werfel sowie Friderike Zweig. Hilfe für ihre Rettung leistet vor allem das Emergency Rescue Committee (ERC) in New York, das sich nach dem deutsch-französischen Waffenstillstandsvertrag im Juni 1940 etabliert, insbesondere auf jenen Passus hin, nach dem alle aus dem nationalsozialistischen Herrschaftsbereich nach Frankreich Geflohenen, die namhaft gemacht werden können, »auf Verlangen« an Deutschland auszuliefern sind. Die tödliche Vorschrift erstreckt sich auch auf Frankreichs unbesetzten südlichen Teil, wo die Vichy-Regierung mit Hitler kollaboriert. Sechzehntausend, die eben noch Asyl suchten und Unterschlupf fanden, stehen nun im Visier von Grenzbeamten und Geheimagenten – frei oder interniert als

»feindliche Ausländer« in den Lagern von Les Milles, Le Vernet oder Gurs.

Aus ihrem Pariser Exil nach Montauban geflüchtet, ist auch die Lage von Friderike Zweig prekär. »Her position is dangerous owing to the fact that she bears my name and is known as my former wife«, erklärt Stefan Zweig in einem eiligen Schreiben ans ERC, in dem er zugleich auch bekräftigt, dass er sich für Friderike verantwortlich fühlt. »I hope that she will not be taken out of the list or be pushed aside.«

Am 13. Oktober trifft Friderike Zweig mit ihren beiden erwachsenen Töchtern, Alix und Suse, und Spaniel Schuschu auf der *Nea Hellas* in New York ein. Die Passage verläuft ohne Komplikationen, am Pier wartet Carl Zuckmayer, der einstige Nachbar aus der Henndorfer Mühle bei Salzburg und weiterhin enge Freund, um Friderike in der neuen Welt in Empfang zu nehmen. »Dass die alte unerfreulich, ja unerträglich geworden war, hielt ich für ein vorübergehendes Unglück«, schreibt Friderike Zweig in *Spiegelungen des Lebens* (1985). »Ich war nicht einer neuen Heimat gewärtig. Dass ich sie wirklich und wahrhaftig finden würde, war für mich, als wir das griechische Schiff ›Nea Hellas‹ bestiegen, um Europa hinter uns zu lassen, jenseits aller Erwägungen. Die ältliche ›Nea Hellas‹, keineswegs ein Luxusdampfer, war geradezu mit Europa überladen. Sie trug keine geringe Anzahl geistigen Gutes in der Person von Schriftstellern mit sich. Sie reisten fast alle erster Klasse, während meine Kinder und ich und Schuschu die zweite recht annehmbare Klasse benützten.«

*

Als junge Witwe erreicht Monika Mann auf dem britischen Passagierdampfer *Cameronia* am 28. Oktober 1940 New

York. Keine sechs Wochen liegt ihre erste Schiffspassage zurück, die eigentliche, sorgfältig vorbereitete, gebucht für Halifax, der Hauptstadt der Provinz Nova Scotia in Kanada. Die »mittlere Tochter«, wie sie sich selbst bezeichnet, von Thomas und Katia Mann lebt die letzten Jahre zwischen Zürich, Wien und Florenz. In der toskanischen Kunstmetropole hatte sie bei dem Komponisten Luigi Dallapiccola Klavier studiert und sich in den jüdisch-ungarischen Kunsthistoriker Jenö Lányi verliebt: »Der vertraute Fremde, von dem ich träumte, wurde mein«, erzählt sie in *Vergangenes und Gegenwärtiges* (1956). Im letzten Frühjahr vor dem Krieg heiratet das Paar in London, die Braut ist neunundzwanzig, der Bräutigam sechsunddreißig Jahre alt. Von England aus wollen sie nach Kanada emigrieren. Noch aber sind nicht alle Papiere zusammen. Das Warten und Gedulden zieht sich auch bei ihnen hin, bis zum Beginn der »Battle of Britain«.

Am 13. September 1940 besteigen Monika Mann und Jenö Lányi in Liverpool die *City of Benares* der britischen Reederei Ellerman Lines. Zu den Passagieren gehören auch neunzig Kinder, die im Rahmen des Children's Overseas Reception Board (CORB) zur Sicherheit nach Kanada geschickt werden sollen – wie vor ihnen schon über zweieinhalbtausend andere nach Australien und Neuseeland. Am selben 13., einem Freitag, berichtet der *Aufbau*, dass die deutsche Luftwaffe einen ihrer schwersten Angriffe über London flog: Bomben regneten auf das jüdische Viertel in Whitechapel im East End. »Die Welt hält den Atem an. Millionen lauschen am Radio den Berichten. (…) Wird England durchhalten? Wird in diesen Tagen die Invasion erfolgen?« Und wieder bringt das Magazin des German Jewish Club ein Gedicht von Hilde Marx, und auch das an jenem 13. September 1940. Es heißt *Nacht am amerikanischen Strand*, die erste Strophe lautet:

Monika Mann in den 1940er Jahren in Pacific Palisades

Seltsam zu denken: Über den Dünenhügeln
schläft der nächtliche Sommer,
von Sternenaugen bewacht.
Drüben über dem Meer: auf eisernen Flügeln
rast der Tod durch die Nacht.
Bunte Steine, von ewigen Wellen geschliffen,
Seesterne, Muscheln und Tang
spült das Meer in den Sand.
Wo sind die Reste von grausam
versunkenen Schiffen?
Wo sind die Körner der Toten
vom brennenden Strand?

Am 14. September verlässt die *City of Benares* Liverpool, begleitet von einem aus achtzehn weiteren Schiffen bestehenden Konvoi. Am 17. September feuert ein deutsches U-Boot kurz vor Mitternacht Torpedos auf die *City of Benares* ab, der dritte trifft nahe am Heck. Das Schiff kippt. »Es geschah alles in einer Viertelstunde«, schreibt Monika Mann über jene traumatische Erschütterung, »die Panik, der Sturz in die Tiefe, das Chaos am brennenden Schiff, unsere Rufe, unser Verstummen«. Drei Male noch habe sie Jenös Stimme gehört, »dann nichts mehr …« Zwanzig Stunden trieb sie, festgekrallt an einem Stück Holz, auf dem Atlantischen Ozean. »Und dann waren lauter Tote um mich rum und ganz schwarze Nacht und ganz schwarze Wellen.« Vierhundertsechs Passagiere und Besatzungsmitglieder waren an Bord. Zweihundertfünfzig verlieren ihr Leben – darunter auch der von Goebbels gefürchtete Hitlerkritiker Rudolf Olden und seine junge Frau Ika. Und dreiundachtzig der Kinder.

In einer Klinik in der Nähe von Glasgow in den Highlands wird Monika Mann fürsorglich betreut. Dann macht sie sich erneut auf den Weg. Über die schwere See. »Tränen erstickten mich. Tausend Details, das Verworrene kreist um das eine, um den einen, um den herum, der nicht mehr war. Er hieß Jenö Lányi.«

*

Am 29. November 1940 geht die »Tragödie von Haifa« um die Welt, füllen sich die Schlagzeilen der internationalen Presse mit der Explosion auf der *Patria,* einem ehemals französischen Luxusdampfer der Linie Messageries Maritimes. Die Vorgeschichte beginnt Anfang September auf der *Helios, Uranus, Schönbrunn* und *Melk* der Donau-Dampfschifffahrts-Gesellschaft (DDSG). Mit knapp viertausend jüdischen Flüchtlingen, darunter aus Danzig, Prag und Brünn, sind die Schiffe verboten überladen, ihr Ziel ist von Wien aus donauabwärts über Bratislava, Budapest, Belgrad und Tulcea das Schwarze Meer, wo die Hochseeschiffe *Pacific* und *Milos* auf Übernahme warten. Außerdem die *Atlantic,* zu deren Passagieren die Berliner Künstlerin Anna Frank-Klein gehört. Mit zwei kleinen Koffern war die Sechsundvierzigjährige mit dem Zug nach Bratislava gereist. Dort bestieg sie die *Helios.* Ihr Mann, Rudolf Frank, der Romanautor, Essayist, Regisseur und Verfasser von Film- und Bühnenwerken, emigriert bereits 1936 nach Wien. Im Februar 1939 nimmt er von seiner Frau die beiden gemeinsamen Söhne, den siebenjährigen Vincent und den zweijährigen René, im Badischen Bahnhof Basel in Empfang. Anna Frank-Klein hatte sie ihm vor ihrer eigenen Flucht nach Palästina gebracht.

Über ihre Zeichnungen und Aquarelle in einem Berliner Privathaus lernt Rudolf Frank 1929 Anna Klein kennen. Noch im selben Jahr heiraten sie und ziehen nach Berlin-Lichterfel-

Pass von Anna Frank-Klein, 25. September 1939

siehe Almi im Schiff

de, verwöhnt von einem Gartenidyll mit wilden Erdbeeren, Apfelbäumen und Birnbäumen, das später von einem NS-Kommando zertrampelt wird. In der Berliner Kunstszene genießt Anna Frank-Klein, die bis 1933 Mitglied im Reichsverband bildender Künstler Deutschlands ist, hohes Ansehen, vor allem als Porträtistin. Das Jüdische Museum erwirbt damals ihr Porträt von Max Liebermann. Wenige Monate vor dessen Tod 1935 zeichnet sie ihn.

Gesichter sind es, die Anna Frank-Klein auch auf ihrer illegalen Schiffsfahrt nach Palästina festhält, Bleistiftskizzen von den Menschen an Bord. In ihrem Nachlass gibt es mehrere Blätter mit Szenen an Deck der *Helios*. Andere kostbare Dokumente sind Anna Frank-Kleins Notizen zum Tagesablauf auf der *Atlantic* in winziger weicher Schrift in einem linierten violetten Heft mit verziertem Etikett, datiert vom 29. September 1940: »Der Hochseedampfer, nach dem man sich schon jahrelang gesehnt hat, ist ein 80 Jahre alter Kasten. Ursprünglich war er ein griechischer Postdampfer, der zur Zeit auch ein paar hundert Menschen mitnehmen konnte. Jetzt sind wir 1875 Emigranten darauf, stehen schon 14 Tage hier im Hafen von Tulcea in d. Donau fest, wissen nicht warum, u. ob u. wann es je weiter geht. Man schaut kaum mehr hinaus auf Landschaft u. Wetter, nur weiter! (…) Mein Lager in der Koje, und nicht jeder hat eines, liegt im 3. Tiefkeller unter der Wasserlinie. Der Strohsack darauf ist schon zweimal gestohlen worden, d. dritten hab ich dann selbst stehlen müssen. Den hab ich aber festgenagelt. Die Treppen hinunter sind grausig. Die Stiegen alter Aussichtstürme sind so dunkel, dass man wie blind ist, wenn man von draußen kommt u. eine Viertel Stunde braucht, um sich notdürftig zu orientieren. Die Koje ist die oberste von dreien, so niedrig, dass man unmöglich darin sitzen kann. Ein Drittel der Höhe wird noch von einem eisernen Quer-Träger versperrt. Es gehört akrobatische Geschicklichkeit dazu, hinein u. heraus zu kriechen. Die wäre ja da. Wenn man aber im Halbschlaf vergisst, wo man ist u. sich aufrichtet, schlägt man sich den Schädel blau. In der Mitte des Raumes ist d. Treppe, eine dicke Säule gegenüber ist wohl der Unterteil eines Mastes. Dies ganze sogenannte ›Zimmer‹ ist so niedrig, dass ich die Decke mit d. Händen greifen kann, etwa 6 x 10 m groß u. 74 Menschen wohnen darin, Männer, Frauen und Kinder. 7 Uhr früh. Ich krieche hinaus u. kämpfe mich die Treppen hinauf u. ans Ende des Schiffes über Beine noch Schlafender hinweg zwischen Pfeilern, Koffern, Stroh u. Rucksäcken, Bäuchen, Knien, Ellbogen sich durchzwängend. ¾ Stunde Schlange-Stehen bei der Toilette, unten in der Mitte d. Schiffes gibt es noch eine, aber die Luft ist dort schon auf d. Treppe so, dass man zu ersticken glaubt (…). Jetzt unser Frühstück. Etwas heißer Tee, ein Stück trocken Brot v. Vortag (…). 9 Uhr. Ich habe d. Mantel über d. Nachthemd u. komme wieder hinunter in unser Zimmer. Jetzt hab ich Glück. Meine Nachbarin hat noch irgend etwas zu kramen u. leiht mir inzwischen ihre Waschschüssel. Etwas Donauwasser hab ich mir am Vortag mit einem Strick u. einer alten Bierflasche – kostbarer Besitz – aus d. Donau gefischt. Ich hänge meine Schlafdecke vor unsere Koje u. wasche mich, Zähneputzen geht nicht, denn Zahnbürste u. Paste sind mir aus d. Beutel gefallen u. trotz Rückfrage im Fundbüro nicht wieder zu erlangen. (…) 10 Uhr. Ich bin glücklich fertig gewaschen u. angezogen. Da gibt mir der Zimmerkommandant ein Zettelchen. Ein Brief v. meiner Freundin Lea an Bord d. ›Pazific‹, die uns gegenüber im Hafen liegt. Sie schreibt: mein Mann in Zürich hat ihr Nachricht gegeben über ihre dortigen Freunde, und schreibt auch, dass es ihm und unseren Buben gut geht. Seine Post an mich ging verloren. So hab ich nach

Zeichnungen von Anna Frank-Klein an Bord der Helios *1940*

6 Wochen Nachricht von meinen Lieben ...« Mit Wäschewaschen und dem unentwegten »Geschrei als Lautkulisse«, Schlange-Stehen beim Mittagessen (»Schlange-Stehen wird hier groß geschrieben, unsere ständige Beschäftigung«) und Hebräischlernen an einem »sonnigen Plätzchen«, das sie sich für sich allein erobert hat, geht es in den Schilderungen auf den Nachmittag zu. Über der Koje leckt plötzlich ein Wasserrohr. Und alles wird nass. Kleidung, Schlafdecke, ein Stück Brot, das sich Anna Frank-Klein extra aufgespart hat. »Meine Mappe m. Zeichnungen trieft auch. Aber ich hab d. Gewohnheit, meine Arbeiten nach Qualität zu ordnen, u. d. besten liegen zu unterst. (...)«

Mehrfach unterbrochen durch technische Defekte, Lebensmittelbeschaffung und den im Oktober 1940 entzündeten italienisch-griechischen Krieg schleppt sich der illegale Transport ins ersehnte Palästina über Wochen hin, obwohl die Tour auf lediglich zehn, zwölf Tage veranschlagt war. Bei der Ankunft in der Bucht von Haifa liegen die *Pacific* und *Milos* schon da. Ihre Decks und Kabinen indes menschenleer. Alle siebzehnhundert Passagiere hat man auf die *Patria* umquartiert. Wegen fehlender Unterkunftsmöglichkeiten an Land, lautet die offizielle Erklärung, soll das Schiff als schwimmende Quarantänestation dienen. Und das nun auch für die Flüchtlinge auf der *Atlantic*. Wohl kaum jemand unter ihnen hegt Verdacht, dass die britische Mandatsregierung ihre Verschleppung plant.

Der auf die *Patria* unbemerkt geschleuste Sprengstoff sollte ein Zeichen setzen und die politisch Verantwortlichen dazu bewegen, die Elenden aufzunehmen. Statt im Gelobten Land finden sie sich auf Mauritius wieder, in Baracken hinter Stacheldraht – im Dokumentarfilm *Irrfahrt der Atlantic*, Originaltitel: *La dérive de l'Atlantic*, internationale Fassung:

Atlantic Drift (2002), anhand von Augenzeugenberichten Überlebender dargestellt.

»Mein Pass war sechs Jahre alt, als wir endlich, 1945, nach ›Palästina‹ einwandern durften«, erinnert sich Anna Frank-Klein 1964 in einem Artikel der hebräischen Tageszeitung *Jedioth Chadashoth*. Aus der gleichen Zeit stammt ein selbstgefaltetes Büchlein, in dem sie *Eine alte jüdische Legende* nacherzählt:

»Es war einmal ein Volk, das musste seine Heimat verlassen. Die Menschen stiegen auf Schiffe und fuhren über das Meer auf der Suche nach einer neuen Heimat. Sie fanden manche Küsten, aber nirgends erlaubte man ihnen zu landen. Sie fuhren lange Zeit, hatten schwere Stürme zu bestehen, tropische Hitze und schrecklichen Durst.

Nach tödlicher Not fanden sie endlich eine Insel. Sie war unbewohnt. Die Leute sahen auch bald, dass sie noch niemals bewohnt gewesen war und dass es sehr viel Arbeit kosten würde, sie wohnlich zu machen. Dort landeten sie. Sie arbeiteten schwer Tag und Nacht. Zunächst wohnten sie in Zelten, dann in Hütten. Sie legten Felder an und ernteten Getreide. Sie pflanzten Reben und fruchttragende Bäume und hatten gute Ernten. Allmählich entstanden Dörfer mit festen Häusern. Es ging ihnen gut. Eine neue Generation wuchs heran, die sich an die frühere Heimat nicht mehr erinnern konnte und für die diese Insel Heimat wurde. Aber in wirklich war das gar keine Insel. Es war der Rücken eines ungeheuer großen Tieres, das sonst auf dem tiefsten Boden der Meere lebte …«

Ausreiseverbot

Endlich aus weiter Ferne ein kleines einfaches Lied ...

Nach dem »Judenboykott« 1933 proklamiert Robert Weltsch, damals Chefredakteur der *Jüdischen Rundschau*, auf der Titelseite des zionistischen Blatts: »Tragt ihn mit Stolz – den Gelben Fleck!« Sein Appell zielte darauf ab, die aufgezwungene Schande und Unterwerfung in Selbstachtung zu verwandeln, um Stolz und Ehre wiederherzustellen.

Am 1. September 1941 wird das Tragen des »Judensterns« zur Pflicht, »sichtbar auf der linken Brustseite des Kleidungsstücks«. Die Berliner Fahnenfabrik Geitel & Co. fertigt die handtellergroßen Kennzeichen aus gelbem Stoff an und verdient mit dem Auftrag 30.000 RM. In gewohnter Geschäftsmanier liefert die Fabrik ihre Ware bei Zahlung innerhalb von fünf Tagen mit zwei Prozent Skonto aus. Hauptadresse ist im »Altreich« die 1939 unter nationalsozialistischem Diktat aus der Reichsvertretung der Juden in Deutschland in eine Reichsvereinigung umgewandelte (bloß noch formale) jüdische Repräsentanz. Sie hat die »Judensterne« auch in den »neu eingegliederten Ostgebieten« sowie den »eingegliederten Westgebieten« Luxemburg, Elsaß und Lothringen zu verteilen. Weitere Adressen sind die Kultusgemeinden in Wien für die Verteilung in der »Ostmark«, in der Steiermark, Kärnten und Krain sowie in Prag für die »Protektorate Böhmen und Mähren«. Für jeden Juden, jede Jüdin sind durchschnittlich vier Kennzeichen vorgesehen. Sie kosten zehn Pfennige pro Stück, zahlbar bei der Übergabe und gegen Unterschrift auf der Empfangsbestätigung: »Ich verpflichte mich, das Kennzeichen sorgfältig und pfleglich zu behandeln und bei seinem Aufnähen auf das Kleidungsstück den über das Kennzeichen hinausragenden Stoff umzuschlagen.« Am 19. September 1941 tritt die Verordnung in Kraft. Vier Tage danach erfolgt der Befehl zum Ausreiseverbot. Der »Stern der Erlösung« wird zum Kennzeichen der Selektion, dem Grauen der jüdischen Massenvernichtung.

*

Über viele Jahrhunderte nahmen Schutzsuchende aus aller Welt die französische Gastfreundschaft dankbar an. Nun haben Flüchtlinge in Marseille erstmals in der Geschichte der Hafenstadt den drängenden Wunsch, dem Vieux Port so rasch wie möglich auf einem Schiff entfliehen zu können. Auch Anna Seghers und ihre Familie zählen dazu. Die gebürtige Mainzerin, die schon als Studentin der Kunstgeschichte und Sinologie perfekt Französisch spricht, emigriert 1933 mit ihrem ungarischen Mann, dem Philosophen László Radványi von Berlin über die Schweiz nach Paris. Ihre zwei Kinder, Peter und Ruth, damals sieben und fünf, lassen sie zunächst bei Annas Eltern, Isidor und Hedwig Reiling, in der rheinhessischen Domstadt am Main zurück. Später folgen sie über Straßburg nach. »Wir haben die Kinder von der Grenze abgeholt. Wie Verrückte haben sie sich in unsere Arme geworfen, dort verharrten sie dann unbeweglich. Völlige, unendliche Sicherheit bei diesen unsteten Wesen, ihren Eltern, die doch selbst zu den Obdachlosesten dieser Welt zählten, selbst von allen Stürmen hin- und hergeworfen wurden«, schreibt Anna Seghers rückblickend in *Six jours, six années (pages de journal)* in französischer Sprache in der Zeitschrift *Europe* (1938). Erst in der DDR-Literaturzeitschrift *Neue Deutsche Literatur* wird das Journal in deutscher Übersetzung unter dem Titel *Sechs Tage, sechs Jahre. Tagebuchseiten* 1984 erscheinen.

Anna Seghers mit ihrer Familie in Frankreich
Mitte der1930er Jahre

Anna Seghers ist Frankreich durch viele Reisen mit ihren Eltern vertraut, liebt die französische Literatur, hat viele Kontakte zu französischen Intellektuellen, darunter Louis Aragon, André Gide und André Malraux, und zu emigrierten politischen Gefährten, die wie sie mit Worten als Waffe gegen Hitler kämpfen wollen. Die Familie Radványi wohnt in einem Vorort von Paris, in Bellevue, beiden Kindern fällt es nicht schwer, Französisch zu lernen. Im Juni 1940, nach der deutschen Besetzung des französischen Nordens (László Radványi wurde wegen seiner politischen Gesinnung bereits festgenommen und interniert), taucht Anna Seghers mit ihren Kindern unter, bis auch für sie die Flucht aus Paris in die unbesetzte Zone südlich der Demarkationslinie unausweichlich wird. Unterstützt von ihrer französischen Freundin, der jungen Schriftstellerin Jeanne Stern, geht es von Paris im Massenexodus über Moulins und Pamiers schließlich nach Marseille – eine gefahrvolle Odyssee.

Mit Hilfe ihrer alten Berliner Kollegen, dem Schriftsteller Franz Carl Weiskopf und dem Verleger Wieland Herzfelde, die 1939 in die USA auswandern (Weiskopf 1938 über Paris, Herzfelde, der Bruder von John Heartfield, im selben Jahr über London), erhält Anna Seghers von der League of American Writers vier Schiffskarten für eine Passage von Lissabon nach New York. Diese Chance nutzen zu können, setzt allerdings Transitvisa für Spanien und Portugal voraus. Sie zu besorgen, würde einen leidigen Papierkrieg und weiteres Zeitvergeuden bedeuten. Über mehrere Ecken erfährt Anna Seghers, die ihre Überlebensangst im Exil mit unentwegtem Schreiben zu bewältigen versucht (ihren bald weltberühmten Roman *Das siebte Kreuz* hatte sie 1939 abgeschlossen), dass es auch Schiffsverbindungen von Marseille nach La Martinique mit Anschlussmöglichkeiten in die Vereinigten Staaten gibt. Dafür wiederum sind Visa für die Antillen beizubringen, außerdem ist eine Kaution zu hinterlegen. Und gleichgültig für welche Überfahrt: Immer wird ein Ausreisevisum, »Sauf-Conduit«, aus Frankreich verlangt – auch das ein Problem, weil man nie weiß, wann überhaupt ein Schiff fahren wird.

Nach quälenden Ungewissheiten und der Umbuchung von einer Reederei auf die andere verlässt Anna Seghers mit ihrer Familie schließlich auf der *Capitaine Paul Lemerle* der Compagnie des Transports Maritimes Marseille. Abreisedatum ist der 24. März 1941. An Bord arbeitet sie an ersten Entwürfen zu ihrem Roman *Transit* (1944) – mitten im Strudel des Geschehens, die Schrecken der NS-Schergen, die sich in Marseille die Passagierlisten auslaufender Schiffe vorlegen lassen, noch in den Gliedern. Erst später erfährt sie, dass ihr Name auf der Fahndungsliste der Gestapo steht, allerdings ihr Pseudonym Anna Seghers, nicht Netty Radványi. Schreibkomfort bietet der karge Frachter selbstverständlich nicht. Mit dreihundertfünfzig Passagieren bei lediglich zwei Kabinen und sieben Schlafplätzen ist auch diese schwimmende Nussschale katastrophal überbelegt. Notdürftig geschreinerte Bettgestelle wurden in die luft- und lichtlosen Frachträume für das »Gesindel« bugsiert, erzählt Claude Lévi-Strauss 1955 in *Tristes Tropiques*. Der französische Ethnologe ist neben anderen unliebsamen Prominenten, darunter der russische Revolutionär Victor Serge und der surrealistische Maler Wifredo Lam, mit an Bord. In Momentaufnahmen verflicht und verfremdet Anna Seghers eigene Erfahrungen in ihrem Roman: Behördengänge am Quai des Belges in Marseille, konspirative Treffen im *Hôtel Splendide*, den pochenden Puls beim Klingeln an der Tür einer Zimmerwirtin: »Ich war auf ein ›Alles besetzt‹ gefasst, doch schob mir diese Wirtin sofort ihr Anmeldebuch hin. Sie sah scharf zu, wie ich meinen

Marseille, Le Vieux Port

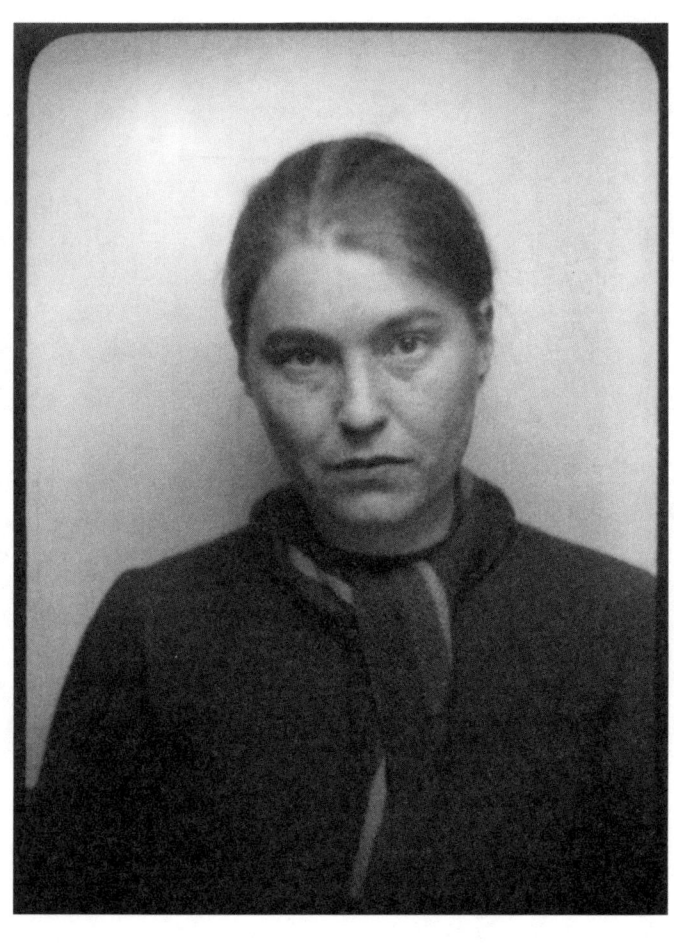

Anna Seghers Mitte der 1930er Jahre

Flüchtlingsschein abschrieb. Sie fragte mich nach meinem Sauf-Conduit, ich zögerte. Sie lachte und sagte: ›Ihr Pech, nicht meines, wenn die Razzia kommt! Sie zahlen mir jetzt für die Woche im voraus. Sie sind ja ohne Erlaubnis hier. Sie hätten zuerst die Erlaubnis unseres Präfekten einholen müssen, um nach Marseille zu kommen. In welches Land wollen Sie denn fahren?‹ Ich sagte, ich hätte gar nicht die Absicht, irgendwohin zu fahren. Vor den Deutschen geflohen, von einer Stadt zur anderen getrieben, sei ich eben in dieser gelandet. Ein Visum hätte ich nicht, eine Schiffskarte hätte ich nicht, übers Meer laufen könne ich nicht. Sie schien eine ruhige, fast träge Frau, jetzt war sie aber bestürzt. Sie rief: ›Der Herr will doch nicht etwa bleiben?‹ Ich sagte: ›Warum denn nicht? Sie bleiben ja auch.‹ Sie lachte über diesen Witz.«

Der Erzähler in *Transit* bleibt in der Tat, harrt in Marseille aus, wozu der Sohn seiner Erfinderin damals beigetragen hat. Jedenfalls schreibt Pierre Radvanyi in *Jenseits des Stromes. Erinnerungen an meine Mutter Anna Seghers* (2006): »Als sie mich fragte, ob der Held der Geschichte, der Erzähler, am Ende in Frankreich bleiben oder fortgehen solle, antwortete ich ihr ohne zu zögern: dableiben.«

Viel wird in jenen Tagen bei einem Absinth über Fabelkapitäne und Fabelländer spintisiert, gespeist von der Sehnsucht nach einem Traumreich – fern der zusammengebrochenen Welt mit ihren »Im-Stich-Lassern«, so Anna Seghers in *Transit*. Für die *Neue Weltbühne* denkt sich die Schriftstellerin, die für ihr Debüt *Aufstand der Fischer von St. Barbara* (1928) mit dem Kleist-Preis ausgezeichnet worden war, schon während ihres Pariser Exils eine fantastische Erzählung aus: von einem Land, das nur Menschen ohne Pass, ohne Bürgschaft Einlass gewährt. Die Handelnden sind ein »Wir«, die schon in zehn »Reichen« vergeblich um Einlass bettelten und nun ihre *Reise ins Elfte Reich* (1939) antreten: »Das Konsulat lag in einer Gasse, durch die wir schon früher oft genug gegangen waren, im dritten Stock eines alten Hauses, in dem man nie die auswärtige Vertretung eines größeren Landes vermutet hätte. Wir hatten schon im Vorbeigehen das Konsulatswappen gesehen, das aber so verwittert war, dass man nichts unterscheiden konnte und es für irgendein Warenschild hielt. Jetzt richteten wir unsere ganze Hoffnung auf dieses Konsulatsschild.« Das Schild hält, was es verspricht. Mehr sogar. Die Beamten im »Elften Reich« bestechen durch Verhaltensweisen, die alles bisher Erlittene auf den Kopf stellen. Einreisepapiere sind nicht nur nicht erwünscht, sondern ein Handikap. An der Grenze drehen Beamte aus dem wundersamen Reich im Zug ihre Runde, fragen einen Auswanderer, ob er einen Pass habe, und als dieser erleichtert seine Papiere vor ihnen ausbreitet, ist das Spiel für ihn aus. »In unserem Coupé entstand eine Panik. Ein paar, die während der Reise geprahlt hatten, dass sie sich durch Auskünfte nicht irre machen ließen und auf jeden Fall ihre guten Papiere eingesteckt oder eingenäht hätten, stopften sich diese Papiere in den Schlund, würgten und kauten und verschluckten sie. Trotzdem hatten zwei noch Pech. Die Beamten wurden auf ihre verquollenen Gesichter aufmerksam, schleppten sie mit und gaben ihnen Rizinusöl. Da kamen doch Passreste zum Vorschein und Stempel vom Home Office. Uns aber, da wir die Frage ›Haben Sie einen Pass?‹ mit Nein beantwortet hatten, ließ man anstandslos hinein.«

Der Aberwitz der realen Verhältnisse durchzieht die Kapitel von *Transit* und als Symbol für das »Dazwischen« – auf der Schwelle der verlorenen Heimat in eine unwägbare Zukunft – das Schiff. Selbst am Übergang vom Wachen zum Schlafen ist es präsent, wie beim Erzähler, der sich im Zimmer der Wirtin, nachdem sie ihm die Zimmerschlüssel aushändigte, wie an Bord fühlt, schwindlig, »in einem Gewoge von Eindrücken und Empfinden«, die er, müde und erschöpft, nicht zu erklären vermag. »Auch drang von allen Seiten ein Lärm auf mich ein, als schliefe ich auf einer glitschigen Planke inmitten einer betrunkenen Mannschaft. Ich hörte Gepäckstücke rollen und krachen, als lägen sie schlecht verwahrt im Lagerraum eines vom Meer geschüttelten Schiffes. (...) und endlich hörte ich noch aus weiter Ferne, doch durchdringender als alles, ein kleines einfaches Lied, das ich zum letzten Mal in meiner Heimat gehört hatte, als niemand von uns noch wusste, wer Hitler war, nicht einmal er selbst.«

Memento

Warten auf den Frieden

»Furchtbar zieht sich das Wetter zusammen«, sagt Erika Mann am 30. April 1941 in ihrem *Amerikanischen Brief* unter der Überschrift *Blitze überm Ozean* im Exilblatt *Die Zeitung* für das weltpolitische Klima voraus: »Was mählich heraufkommt, ist ein enormes Gewitter von zugleich tödlicher und reinigender Kraft.« Nach dem japanischen Überraschungsangriff auf die US-Flotte vor Pearl Harbour auf der Inselkette Hawaii im Pazifischen Ozean treten die USA am 8. Dezember 1941 in den Zweiten Weltkrieg ein. Monate zuvor hatte die britische Mandatsregierung Jaffa und Tel Aviv zu Militärzonen erklärt.

Lotte Cohns Architekturbüro ist zu dieser Zeit bereits geschlossen, erst nach dem Krieg nimmt es seine Arbeit wieder auf, etwa für die Gestaltung des Gartenvorstadtquartiers RASSCO (Rural and Suburban Settlement Company) in Holon. Die britische Militärbehörde verlangt 1943 die Räumung der *Pension Käte Dan*, um sie für die Royal Air Force nutzen zu können. Vier Jahre später verkauft die Eigentümerin den stark ramponierten Bau. Nach der Teilung Palästinas und dem damit beendeten britischen Mandat, wofür eine Mehrheit der Generalversammlung der Vereinten Nationen 1948 votieren wird, reißen die neuen Investoren die Pension in der Jarkonstraße ab. *Ein Wahrzeichen verschwindet*, heißt es dazu in einem Zeitungskommentar von Lotte Cohn, von dem sich ein Ausschnitt im Archiv der Stiftung Neue Synagoge Berlin – Centrum Judaicum befindet: »Wie schön saß man dort über dem blauen Meer. (…) Werfel und Zweig … alle Größen der Kunstwelt kamen und gingen und haben sich in Käte Dans Haus von dem eigentümlichen Zauber des alten Erez Israel anwehen lassen.« Mit Werfel ist Franz Werfel gemeint, mit Zweig der Schriftsteller und Essayist Arnold Zweig, der 1933 von Berlin über die Tschechoslowakei und Sanary-sur-Mer nach Palästina emigriert und sich 1934 in Haifa niederlässt.

In der Jarkonstraße in Tel Aviv wohnt zunächst auch Gerda Luft. Sie ist in zweiter Ehe mit dem aus Galizien stammenden Rechtswissenschaftler Zwi Luft verheiratet, der wie Chajim Arlosoroff sozialistisch-zionistische Ideale vertritt und in der Arbeitervertretung Histradut eine führende Rolle spielt. Nach der Liquidierung der jüdischen Presse 1938 hatte Gerda Luft ihre Tätigkeit als Korrespondentin der *Jüdischen Rundschau* verloren, ihr Mann verdiente aber genug, um allein für den Unterhalt der Familie zu sorgen. 1943 errichten die Engländer gegenüber dem Wohnhaus, das sie sich aus eigenen Mitteln haben leisten können, ein Militärlager. »Einmal platzte eine Bombe so nah am Haus, dass die Türen aufsprangen«, erinnert sich Gerda Luft in ihrer *Chronik eines Lebens für Israel* (1983). »Der Weltkrieg ging zu Ende, und der Kampf um den Judenstaat begann. Ich gehörte noch zu der Partei der ›Alijah Chadasha‹ (Neue Einwanderung), die sich nicht viel von einem Judenstaat versprach.«

Ruth Klinger und Maxim Sakaschansky leben seit 1934 in Palästina von der Hand in den Mund, führen auf kleinen, meist provisorischen Bühnen ihre Einakter und Sketche auf, gelegentlich aber auch in der *Pension Käte Dan*, wohnen mal hier, mal dort, trennen sich, lassen sich scheiden, heiraten ein zweites Mal. Als der Mittelmeerraum 1940 zum Kriegsschauplatz wird, heulen nachts die Alarmsirenen, schreibt Ruth Klinger in ihren Lebenserinnerungen: »Schien der Mond, so erwiesen sich die strengen Verdunkelungsvorschriften als völlig überflüssig; mühelos konnten die feindlichen Flieger im Mondlicht ihre Angriffsziele erkennen. (…) Wochenlang stiegen von den riesigen Öltanks in der Haifabucht, auf die es die Bomber abgesehen hatten, starke Rauchschwaden zum Himmel.« Und weiter berichtet *Die Frau im Kaftan* (1992): »Die Engländer suchten nachts mit grellen Scheinwerfern die ganze Meeresküste ab, denn nur zu gut wussten sie, wie viele Flüchtlingsschiffe wochenlang auf dem offenen Meer kreuzten. Es gehörte ungeheurer Mut dazu, diese Schiffe nachts durch Signale an einen bestimmten Ort zu dirigieren, wo sie unbemerkt ihre menschliche Fracht abladen konnten. Sobald die durchs Wasser watenden Flüchtlinge das Land erreicht hatten, wurden sie sofort in bereitstehende Lastwagen verladen, mit heißem Tee und trockener Kleidung versorgt und in entfernte Ortschaften verbracht.« Anlässlich eines Gastspiels in einem barackenähnlichen Restaurant in Benjamina zwischen Netanya und Haifa, in dem hauptsächlich englische Soldaten und Offiziere verkehren, erleben die jiddischen Kabarettisten einen Abend der besonderen Art. Wie immer begleitet »Ruthele« Maxim am Klavier. Schon nach einer halben Stunde erhebt sich ein Gast nach dem anderen von den Bänken und geht. »Nach Programmschluss blieb ich noch am Klavier sitzen und spielte Stimmungsmusik. Da kam ein englischer Offizier zu mir und fragte, ob ich ihn zu dem Lied ›A jiddische Mamme‹ begleiten würde, er wollte es zum Besten geben. (Wer weiß, wer es ihm beigebracht hatte.) Er sang das Lied wirklich mit viel Rührung, seine Kollegen scharten sich um das Klavier, jeder brachte einen anderen Wunsch vor, mein Hafenkneipen-Repertoire kam mir zugute, die Zeit verging, wir befanden uns nur noch in Gesellschaft der singenden Engländer. Kurz nach Mitternacht gab mir ein Junge einen Wink, er habe mir etwas zu sagen. Im Korridor flüster-

Landschaftspanorama von Palästina aus der Informationsbroschüre
Alijah, *Oktober 1934*

te er, der Bürgermeister bitte uns zu einem kleinen Imbiss in seine Wohnung. Dort dankte er uns Ahnungslosen für unsere Mitarbeit: Während die Engländer ihren Wachdienst vernachlässigten und der jiddischen Mamme lauschten, konnten die weggegangenen Zuschauer in Ruhe Flüchtlinge eines ankommenden Schiffes in Lastwagen verladen. Nun waren sie bereits längst unterwegs zu einem sicheren Ort.«

Ruth Klinger veranstaltet später literarisch-musikalische Soloabende mit Rezitationen zu Werken von Stefan Zweig, Kurt Tucholsky, Walter Mehring und Bertolt Brecht. Für die Vorreden gewinnt sie Arnold Zweig, dessen Sekretärin sie 1943 für die nächsten Jahre werden wird. Auch ihr väterlicher Freund aus Prag, der Schriftsteller und Nachlassverwalter Franz Kafkas, Max Brod, der 1939 nach Palästina geflohen war, sagt dem Angebot zu und schreibt der einstigen Schauspielerin vom Neuen deutschen Theater in der gemeinsamen Heimatstadt in einem Brief: »Ich habe Lust zu weiterer Zusammenarbeit. Und du?«

Im selben Kriegsjahr, 1943, als Else Lasker-Schülers einstiges literarisches Zuhause, das *Romanische Café* in Berlin, durch einen Luftangriff ausbrennt, erscheint in Jerusalem ihr letztes Buch, der Gedichtband *Mein blaues Klavier*, mit der Widmung: »Meinen unvergesslichen Freunden und Freundinnen in / den Städten Deutschlands – und denen, die wie ich / vertrieben und nun zerstreut in der Welt, / In Treue!« Im August 1939 hatte die Schweiz ihrer Asylantin, die sie schon immer abschieben wollte, nach ihrer dritten Schiffsfahrt ins »Hebräerland« die Wiedereinreise verweigert. Die mittlerweile Siebzigjährige hat keine andere Wahl, als in Palästina zu bleiben. Sie ist gesundheitlich angeschlagen, leidet unter der sengenden Hitze und fühlt sich einsam. Ihr vertrautes *Hotel Vienna* in Jerusalem muss sie 1940, als auch das von der Royal

Air Force in Beschlag genommen wird, gegen das *Hotel Atlantic* eintauschen. Freude, die schon auf ihrer zweiten Palästinareise 1937 gedämpft war, kommt fast gar nicht mehr auf, auch nicht über ihr neuestes Buch. Die meisten der zweiunddreißig Gedichte stammen aus ihrem Schweizer Exil, eines, *Mein Herz ruht müde*, aus Jerusalem:

Mein Herz ruht müde
Auf dem Samt der Nacht
Und Sterne legen sich auf meine Augenlide …..

Ich fließe Silbertöne der Etüde – – –
Und bin nicht mehr und doch vertausendfacht.
Ich breite über unsere Erde: Friede.

Ich habe meines Lebens Schlußakkord vollbracht –
Bin still verschieden – wie es Gott in mir erdacht:
Ein Psalm erlösender – damit die Welt ihn übe.

Am 22. Januar 1945 stirbt Else Lasker-Schüler nach einem Herzanfall in Jerusalem. Einen Tag später wird sie auf dem Ölberg beigesetzt – das Grabmal gehauen aus rotem Galiläagestein.

*

»Keiner von uns war dort, wo er hingehörte«, erklärt Gabriele Tergit in *Etwas Seltenes überhaupt* (1983). Um ihren Sohn Peter nicht »hebräisch« aufwachsen zu lassen, zog sie 1938 mit ihrem Mann, Heinz Reifenberg, nach London. Palästina blieb der Berliner Journalistin trotz aller Faszination fremd. »Als wir an Land kamen, sah ich, dass der Mond nicht mehr ging, sondern – ein Boot – auf dem Rücken schwamm, und das Sternbild des Wagens stand nicht mehr auf seinen Rädern, sondern fuhr schief nach unten. Mond und Sterne, letzter himmlischer Trost fürs irdisch leidende Herz, ich erkannte sie nicht mehr. (…) Und so stand ich einsam im unbefreundeten Kosmos«, heißt es in Gabriele Tergits Retrospektive *Überfahrt* 1933 zum Auftakt der Textsammlung *Im Schnellzug nach Haifa* (1998). Auf die Frage Henri Jacob Hempels, wie es ihr im Laufe der Jahre in London ergangen sei, erwidert die über Achtzigjährige: »Ich bin mir immer darüber im Klaren gewesen, dass man kein Engländer werden kann.« Auch »kein Franzose«, wie sie ergänzt. Ob sie sich also stets als Deutsche gefühlt habe? »No, I'm a Berliner!«

Während »The Blitz« stellt sich Gertrud Bing dem Londoner Rettungsdienst als Ambulanzfahrerin zur Verfügung und verlässt die von Bombeneinschlägen beschädigte Stadt zusammen mit dem in ein Landhaus ausgelagerten Warburg Institute. Am 24. Dezember 1944 verkündet der *Observer* nicht ohne Spott, dass das schönste Weihnachtsgeschenk in jenem Jahr aus Deutschland stamme: das Warburg Institute werde nun in die University of London eingegliedert – ein Fest für die Universität des Vereinigten Königreichs wie für das kulturwissenschaftliche Juwel. Gertrud Bing erhält einen Lehrstuhl, der das geistige Erbe Aby Warburgs fortführen wird.

»Der Himmel hing voll von den riesigen Silberelefanten der Abwehrballons, und die Flieger brausten darüber, um die Bombenflugzeuge der Deutschen abzufangen – einmal fiel eins wenige Meilen von unserem Haus in ein Feld voller Kühe. Das war 1943.« Zeilen aus Grete Fischers Erinnerungen *Dienstboten, Brecht und andere* (1966), in denen sie anders als sonst in ihrem Buch ungewöhnlich offen über sich selbst spricht: »Im letzten Kriegsjahr musste in allem Ernst die Frage gestellt werden, ob man weiterleben wollte. Nicht, dass ich je an Selbstmord gedacht hätte. Ich habe immer das Bewusstsein gewahrt, wie wenig Zeit uns zugemessen ist, so dass wir das Ende immer sehen und abwarten können. Ich hätte mir auch nicht das moralische Recht zugesprochen, nicht auszuhalten. Leiden und Zerstören waren allgemein, das Unglück war nicht persönlich, wir waren nur Krümel in der Zerstörung. Die Frage lag anders: Konnte und wollte ich – das Ich, mit dem ich so lange gelebt hatte – mich noch behaupten? Ich wusste schon, auch wenn die Einzelheiten nicht bestätigt waren, dass meine Eltern und mein Bruder umgekommen waren. (…) Literarischer Ehrgeiz erschien lächerlich, Musik war unerlaubte Betäubung. Mein wichtigstes Bestreben, in irgendeiner Form hilfreich zu sein, war gescheitert. Die Menschen meiner Umgebung versteckten sich in ihren kleinen Sorgen vor den großen, in einem Mantel von Selbstschutz, der Haltung bewahren half und das Bewusstsein schonte. Ich selber konnte so die Tage hinbringen, ohne aufzufallen. Man schlief wenig, aber es hatte keinen Sinn, sich vor den Bomben zu fürchten. Meine Verstörung zeigte sich darin, dass ich mit Arbeit und Arbeitgebern zerfiel, ohne Zank, zuerst mit dem Rundfunk.«

Als der Krieg zu Ende geht, bildet sich Grete Fischer zur Heilpädagogin fort und widmet sich der Therapie hirngeschädigter Kinder. Mit Leidenschaft schreibt sie für die Kinderbuch-Serie *How things are made* im Collins Verlag, London und Glasgow, Texte zu *What a thread can do* (1945), *The bread we eat* (1946) und *Break the Pot – Made the Pot* (1946). Bald wird der Münchner Verleger Ernst Heimeran die Autorin unter Vertrag nehmen, um dem deutschen Lesepublikum englische Limericks vorzustellen. Über Jahre feilt Grete

Fischer an ihrer Übersetzung jener Reime des 1812 geborenen Londoners Edward Lear, der als Erfinder der Limericks gilt. In England sind seine Nonsens-Kunststücke jedem ein Begriff, so die Lear-Verehrerin in ihrem Vorwort zu der Lektüre, die schließlich unter dem Titel *Wie nett Herrn Lear zu kennen* (1965) auf großes Echo stößt.

Im Frühsommer 1939 kommt Cilly Hirsch, Lilli Palmers Tante, die Schwester ihrer Mutter, aus dem bayrischen Landshut nach Hampstead zu Besuch. Noch wird nur über den Krieg spekuliert, gleichwohl trägt jeder auf der Straße stets eine Gasmaske bei sich. »Alles, was man tat, war von einem dicken Nebel der Vorläufigkeit, des Zeitgewinns, des Atemanhaltens umgeben, so dass nichts wirklich oder wirklich wichtig erschien. Der Vulkan konnte jeden Moment ausbrechen«, schreibt Lilli Palmer in *Dicke Lilli – gutes Kind* (1974). Cilly hatte die antisemitischen Ausschreitungen nach dem Novemberpogrom 1938 mit ihrem Mann, dem Unternehmer Adolf Hirsch (gemeinsam sind sie Inhaber des Kaufhauses Tietz in der Landshuter Theaterstraße) als Betroffene miterlebt. Trotzdem kehrt Cilly nach Deutschland zurück. Sie will jüdischen Inhaftierten helfen. Weder ihre drei Nichten, Lilli, Irene und Hilde, noch ihre Schwester Rose Peiser können sie von ihrem Entschluss abhalten, auch nicht ihre eigenen zwei Kinder, die ebenfalls bereits in London leben: die mit einem Münchner Verleger verheiratete Edith und Paul, der Pianist. 1941 zwingt die Gestapo das Ehepaar Hirsch, sein Anwesen auf dem Annaberg in Landshut zu verkaufen. 1942 wird Adolf Hirsch nach Theresienstadt deportiert. Cilly Hirsch hatte sich ein Jahr zuvor aus dem Fenster gestürzt und erlag ihren Verletzungen.

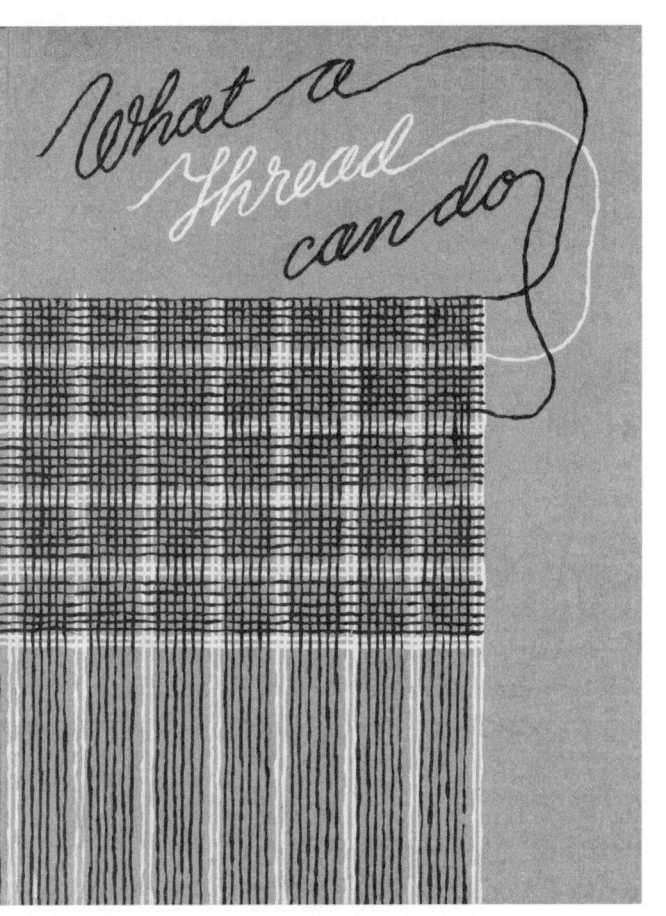

Deckblatt, London/Glasgow 1945

In der Londoner Film- und Theaterszene lernt Lilli Palmer den Schauspieler Rex Harrison kennen, auf der Bühne wie im wahren Leben eine Mischung aus Dandy und Herzensbrecher. 1943 heiraten sie, 1944 wird ihr Sohn Rex Carey Alfred in der Bombennacht des 19. April geboren, als die deutsche Luftwaffe ihre letzte Offensive gegen England startet, bevor sie sie unter hohen Verlusten einstellt.

Die BBC-Nachrichten über die Kämpfe klingen in den Ohren der jungen Judith Kerr, als handele es sich um Ergebnisse von »Cricketspielen«. Das schreibt sie in *Warten bis der Frieden kommt* (1975), dem zweiten Teil ihrer mit *Als Hitler das rosa Kaninchen stahl* (1973) begonnenen Romantrilogie: »Soundso viele deutsche Flugzeuge abgeschossen, soundso viele britische Flugzeuge verloren gegangen, achtzehn zu zwölf, dreizehn zu elf.« Nach ihrem Studium an der Central School of Arts and Crafts, die auch Lucian Freud besucht, arbeitet Judith Kerr während des Krieges beim Britischen Roten Kreuz. Ihr Bruder Michael, der später zu einem der höchsten Richter Großbritanniens aufsteigt und als »Sir« in den Adelsstand erhoben wird, schließt sich nach seiner Internierung auf der Isle of Man, dem britischen Verbannungsort für »enemy aliens«, der Royal Air Force an. Als die Straßenlaternen in London wieder leuchten, wenn auch nicht mit voller Kraft, kündet dies vom bevorstehenden »Victory Day«.

*

Unter dem Vorsitz des schon 1912 aus England in die USA ausgewanderten Publizisten und Journalisten Frank Kingdom bemüht sich das Emergency Rescue Committee (ERC) bis zur Auflösung der Organisation 1942 um die Rettung Verfolgter aus Südfrankreich. Ingrid Warburg leistet Frank Kingdom in New York Assistenz. »Unzählige Briefe gingen in dieser Zeit zwischen unserem Büro und dem Weißen Haus hin und her: jeder einzelne Fall musste mit entsprechenden Dokumentationen begründet werden«, schildert sie in ihren Erinnerungen *Die Dringlichkeit des Mitleids und die Einsamkeit, nein zu sagen* (1990). Ingrid Warburg korrespondiert mit vielen Künstlern, darunter mit dem Maler Marc Chagall, der über Canfranc in den Pyrenäen an der Grenze zwischen Frankreich und Spanien Richtung Lissabon und von dort in die USA flüchtet. Bis zu ihrer Ankunft werden etliche seiner Kollegen von der ERC-Assistentin betreut. »Nie werde ich vergessen, wie ich eine Gruppe dieser Maler in New York am Hafen abholte. Die Frauen trugen Sandalen und hatten grün lackierte Fußnägel, um den Hals die Aufsehen erregenden surrealistischen Ketten ihrer Männer. Die Gruppe zog natürlich beträchtliche Aufmerksamkeit auf sich, aber es entstand noch ein anderes Problem: Einige hatten ihre abstrakten Gemälde mitgebracht, und die amerikanischen Zollbeamten wollten durchaus nicht einsehen, dass es sich bei dem Bild, das etwa aus zwei Metallstücken bestand, um Kunst handelte. Wir mussten Leute von Kunstgalerien anrufen und sie bitten, als Sachverständige ihr Urteil abzugeben. Erst dann war der Zoll überzeugt, dass niemand irgendwelche mysteriösen Geheimwaffen nach Amerika schmuggeln wollte.«

Die umtriebige Hamburgerin begreift ihre Jahre in den USA als ein »aktives ›taking part‹« und bereist über zweihundertzwanzig nordamerikanische Städte, um über den Nationalsozialismus aufzuklären. Seit 1941 ist sie mit dem gebürtigen Römer Veniero Spinelli verheiratet. In der von André Malraux aufgestellten republikanischen Fliegerstaffel »Squadriglia Malraux« hatte der Berufsrevolutionär 1936 im Spanischen Bürgerkrieg gegen die Franco-Diktatur gekämpft, bevor er in die USA weiterwandert und schließlich als US-Soldat 1942 an der amerikanischen Invasion in Italien teilnimmt. »Wir haben sieben Jahre lang nur französisch gesprochen, denn er sprach damals nur italienisch, spanisch und französisch und ich deutsch, englisch, schwedisch und französisch«, erzählt Ingrid Warburg über ihren Mann, mit dem sie fünf Kinder bekommt: Elena und Oliviero, die 1942 und 1943 in New York geboren werden, dann in Rom 1946, 1948 und 1951 Gioconda, Francesco und Italo.

1945 verabschiedet sich Ingrid Warburg aus den USA, später kommt sie mit Veniero, der durch seine politische Arbeit mehr abwesend als in New York zu Hause war, in der italienischen Hauptstadt zusammen, wo sich die Familie dauerhaft niederlassen wird: »Ich wollte das erste Schiff nehmen, das Zivilpersonen mitfahren ließ, um mit den beiden Kindern nach Stockholm zu meinen Eltern zu fahren. Am Abend vor der Abfahrt, es war ein Freitag, hatte ich noch immer keinen Pass, denn während des Krieges waren ausländische Flüchtlinge nicht mehr ›amerikanisiert‹ worden.«

Zielstrebig und wohl auch sorgfältig geplant, knüpft Margarete Edelheim in den USA an ihre Berliner Tätigkeiten an. Bis 1942 ist sie Schriftleiterin, dann Pressechefin des *ORT Economic Bulletin*, anschließend wechselt sie zum Office of War Information (OWI), jener US-Regierungsbehörde zur publizistischen Verbreitung von Kriegsinformationen. Ihre einstige Mitstreiterin aus dem Deutschen Juristinnen-Verein, Margarete Berent, die 1941 über Chile in die USA emigriert, hält sich zunächst mit Gelegenheitsjobs als Stubenmädchen und Haushälterin über Wasser. Um als Juristin arbeiten zu können, braucht sie eine Zulassung zur Anwaltschaft, »admission to the bar«, was ein amerikanisches Examen voraussetzt.

Zu diesem Zweck absolviert Margarete Berent ein Abendstudium an der Law School der New York City University. 1949 wird sie als Anwältin in New York anerkannt – mit zweiundsechzig Jahren. Marie Munk, die Dritte im Bunde aus den Pioniertagen des weiblichen Jurastudiums, stellt sich ihre Zukunft in den USA in der Hochschullehre vor. Bis 1940 ist sie auf Vortragsreisen unterwegs, finanziell wenig ergiebig, aber beruflich lohnenswert. Danach erhält Marie Munk Gastdozenturen am Hood College in Frederick, Maryland, und am Sophia Smith College in Northampton, Massachusetts. 1944 wirkt sie als Marriage Counselor am Family Court in Toledo, Ohio. Nach der bedingungslosen Kapitulation Deutschlands wird sich die nun ebenfalls über Sechzigjährige im Rahmen der »Wiedergutmachungspolitik« als juristische Expertin profilieren.

Gern hätte Hertha Nathorff ihren Beruf als Ärztin in den USA wieder aufgenommen. Auch das setzt ein amerikanisches Examen voraus. Erich Nathorff legt ein solches ab und eröffnet 1942 in der kleinen gemeinsamen Wohnung eine Praxis. Seine Frau kümmert sich um den Haushalt und um den Sohn, verdingt sich als Küchenhilfe und Krankenpflegerin, hat das Nachsehen. Die Blätter ihres New Yorker Tagebuchs bleiben über Monate hin leer. »Meine Eintragungen werden spärlich, immer spärlicher. Das Leben braust über mich hinweg«, so Hertha Nathorff am 3. Juli 1942. Es kränkt sie, Sprechstundenhilfe ihres Mannes zu sein. Auf dem Weg zu einer ihrer Nachtwachen, einer zusätzlichen Einkommensquelle, verwickelt sie ein Restaurantbesitzer vor seiner Tür in ein Gespräch. Ob sie Lust habe, für seine Gäste zur Unterhaltung im Hintergrund Klavier zu spielen. Hertha Nathorff sagt spontan zu, auch wenn die Bezahlung mit fünfzig Cents pro Stunde nicht gerade rosig ist. »Aber: mir ist sie genug«,

Hertha Nathorff 1942

notiert sie am 2. Dezember 1942 in ihr Tagebuch. »Und wenn ich nun zur Nachtwache gehe (sehr zeitig, findet mein Mann), dann packe ich heimlich in mein Köfferchen das gute Schwarze und werfe mich in Gala für mein Publikum ... (...) Und nun habe ich angefangen, kleine deutsche Lieder, Advents- und Weihnachtslieder, zu singen, und mein hoher Sopran dringt durch Rauchschwaden und Gläsergeklirr so rein wie einst, als ich im Elternhause und später in Konzerten im Chor gesungen habe. Und meine schwarzen Zuhörer, sie werden still und lauschen.«

In ihrem vorletzten Tagebucheintrag, am 13. Mai 1945, bilanziert Hertha Nathorff: »Eines wissen wir nun: es wird nicht mehr geschossen, gemordet, es werden keine Bomben mehr abgeworfen auf Städte und Zivilbevölkerung – wenigstens so weit sind wir. Aber: Frieden, wirklicher Frieden?« Am 13. August heißt es zum Schluss: »Jetzt erst wird man allmählich erfahren, was überall geschehen ist und wie es in den kriegsverwüsteten Ländern aussieht. Könnte ich doch jetzt tätige Hilfe geben. Ich träume, plane schon wieder ...«

Lessie Sachs erlebt das Kriegsende nicht mehr. Sie stirbt 1942 nach schwerer Krankheit im fünfundvierzigsten Lebensjahr. 1944 bringt das von Friderike Zweig gegründete Writers Service Center posthum eine Sammlung ihres lyrischen Werks in schlichter Aufmachung heraus: *Tag- und Nachtgedichte*, ausgewählt und eingeleitet von Heinrich Mann: »Diese Gedichte einer früh Verstorbenen sind schmerzlich und schön. Sie sind beides mit leichter Hand. Sie überfallen uns weder mit blendenden Gesichten, berauschenden Worten, noch strömen sie laute Klagen aus. Sie sind anmutig zu lesen. Was dahinter steckt, ist nicht so leicht.«

Taggedichte, das sind die,
Die so im Vorübergehn,
Zwischen Menschen und Begebnis,
Und alltäglichem Erlebnis,
Zwischen Flug und Sprung und Lauf,
Wenn wir hören, wenn wir sehn,
In uns klingen und entstehn;
Und man schreibt sie später auf.
Ja, so etwa macht man sie.

Doch die Nachtgedichte streichen
Um die Ecken, um die Gänge,
Und sie raunen und sie schleichen
Im dem Schweigen, in der Enge.

Und sie flattern, und sie flüstern,
Und sie gleiten, schweben, schweben,
Aus dem Dunkeln, aus dem Düstern,
Und sie atmen, und sie leben.

– In den mitternächtigen Schächten
Sind Gespinste und Gesichte;
In den tiefen, tiefen Nächten
Klopft das Herz der Nachtgedichte.

Indessen rollt die Weltgeschichte
In immer wechselnder Gestalt
Vorüber Tag und Nacht.
Vorüber ohne Aufenthalt.
Sei aufmerksam, gib acht, gib acht,
Erfasse den Gehalt.

Tag und Nacht, gib acht,
Geben Dir Berichte.
 – Und so macht man Tag und Nacht,
Tag und Nacht Gedichte.

»Verfluchtes Geld«, grämt sich Mascha Kaléko am 20. Juni 1941 in ihrem Tagebuch. »Demütigend, keines zu haben. Oh, wie die ›Freunde‹ weichen, wie von Pestkranken.« In der Hoffnung, Chemjo zum Komponieren von Filmmusiken in Hollywood unterbringen zu können, entschieden sie sich für einen Wohnsitz in Kalifornien. Enttäuscht kehren sie nach New York zurück: »Hollywood, das ist keine Stadt. Schon eher eine Erfindung. / Für Fremde: eine Mischung von Palmen und schlechter Verbindung. / Für Eingeborene: ein Wohnsitz, mit Traumfabriken garniert, / Für Zugereiste: ein Zustand, der häufig zu Zuständen führt«, dichtet Mascha resigniert. Ihre nächste Bleibe ist eine Gartenwohnung nahe Greenwich Village. Mitte August hält Mascha Kaléko 1942 in ihrem Tagebuch fest: »Der Krieg. Russland blutet, um Hitler totzumachen. Was wird werden? Mein Gefühl sagt: Das ist das Ende des Teufelsregimes. Auch wenn große Opfer nötig sind.«

Aus Avitarele ist ein hellwacher Junge geworden, der seinen Eltern Vergnügen bereitet, sie in Staunen versetzt. »Er beschäftigt sich allein. Mit nichts. Ein Bindfaden, ein Stück Papier. Er malt. Er singt. Er tanzt. Ist musikbesessen. Und intelligent.«

Am 7. Januar 1944 meint Mascha Kaléko: »Es sieht nach Frieden aus in diesem Jahr. Was wird in Europa werden. Wer wird noch am Leben sein von allen Verwandten und Freunden? – « Schon lange sorgt sie sich um Chemjos krankes Herz. 1945 bringt der Schoenhof-Verlag, Cambridge, Massachusetts, ihre *Verse für Zeitgenossen* heraus. Das erste Gedicht, *Memento*, schließt mit der Strophe:

> *Der weiß es wohl, dem gleiches widerfuhr;*
> *– Und die es trugen, mögen mir vergeben.*
> *Bedenkt: den eignen Tod, den stirbt man nur,*
> *Doch mit dem Tod der andern muß man leben.*

Kurz vor dem Ausreiseverbot 1941 holt Hilde Marx ihre Eltern aus Deutschland in die USA nach. Die Schiffstickets kosten pro Person neunhundertsechzig Dollar, das entspricht einem durchschnittlichen Jahresgehalt in Nordamerika. Wie Lessie Sachs und Mascha Kaléko veröffentlicht auch Hilde Marx Gedichte im *Aufbau*. Angesichts der Rettung ihrer Eltern am 24. Oktober in jenem Jahr:

Herbstlied

> *Ich habe Angst, dass dieser Rausch der Farben*
> *Mich trunken macht. Dass ich vergesse, wie*
> *Die vielen Tausend litten, kämpften, starben.*
> *Ich habe Angst: die goldne Melodie*
> *Des Herbstes könnte schmeichelnd übertönen*
> *Der tausend Schreie qualzerrissnen Klang.*
> *Ich habe Angst: ich könnte mich gewöhnen*
> *An dieses Jahres feierlichen Gang.*

1943 heiratet Hilde Marx in New York ihren Jugendfreund, den ebenfalls emigrierten Arzt Erwin Feigenheimer. Gemeinsam kommen sie einigermaßen über die Runden, zumal Hilde Marx inzwischen diplomierte Masseurin ist und außerdem Gymnastikunterricht gibt. Später wird sie mit ihrer »One-

Woman-Show« durch die Lande touren, ähnlich wie in Berlin als politische Rezitatorin, wobei sie noch bis 1937 ihre Abende in verschiedenen Ortschaften dazu nutzte, um über die sich zuspitzende nationalsozialistische Bedrohung aufzuklären.

Nach ihrem Aufenthalt bei ihren Eltern, Thomas und Katia Mann, und anschließend bei ihrem Bruder Michael in Carmel am Pazifischen Ozean bezieht Monika Mann 1942 eine Wohnung für sich allein in New York. Von Capri aus, wo sie 1954 ein neues Leben beginnt, wendet sie sich an Wilhelm Sternfeld, ehemals Schatzmeister des deutschen PEN-Clubs im Exil und seit 1953 ihr Sekretär: »Ich frage Sie heute etwas ganz ›Abenteuerliches‹: Damals in England zur Kriegszeit hatte mein Mann Jenö Lányi gewiß eine (oder mehr) Versicherungen gemacht (Lebensversicherung, Sachversicherung, u.s.w.). Ich habe nach dem Schiffsunglück nicht an dergleichen gedacht. Und auch später nicht. Jetzt, nach all den Jahren fällt es mir ein. (...) wo ist das herauszufinden?!?! Womöglich bedeutet das viel Geld!!! Wissen Sie Rat? (...) Please help.«

*

Am 20. Juli 1944 wird der fünfunddreißigste Geburtstag der Charlotte Gräfin von der Schulenburg um zwei Tage vorverlegt. Tisa von der Schulenburgs Schwägerin, die Ehefrau ihres Bruders Fritzi, weiß, warum. Ihr ist die vorbereitete Rundfunkrede bekannt: »Der Führer Adolf Hitler ist tot.« Charlotte hatte sich nach der Auflösung ihrer Breslauer Wohnung mit ihren sechs Kindern bei Tisa auf Gut Klein Trebbow einquartiert, in der Nähe von Schwerin, um die fünfzehn Kilometer von ihrem elterlichen Gut in Tressow entfernt. Ostern 1944 trifft sich hier ihr Mann mit Claus Graf Schenk von

217

VISADO DE
TRANSITO

por

ANNA SEGHERS

Deckblatt, Ed. Nuevo Mundo, Mexiko 1944

Stauffenberg zur Vorbereitung des Attentats am 20. Juli auf Adolf Hitler. Doch es misslingt. »Unabwendbar war das Böse über uns hereingestürzt, und die letzen Monate waren wie ein Wirbel gewesen, in dem alles nur noch schneller dem Abgrund zutrieb. Der war gestorben, der gefallen, der erhängt. Der war verraten worden, der hinterrücks ermordet. Den hatten sie erpresst, den angezeigt, den eingesperrt. Zwölf Jahre Hass und Verfolgung und Wahnsinn«, resümiert Tisa in einem unveröffentlichten Manuskript, aus dem Klaus Kösters diese Passage in seinem Bildband *Tisa von der Schulenburg* (2003) wiedergibt. Nach der Hinrichtung ihres Bruders Fritz-Dietlof Graf von der Schulenburg am 10. August 1944 bricht es aus Tisa heraus, wie es sie es selbst formuliert: »Ich zeichne die bluttriefenden Fäuste, ich zeichne die Hände, an deren Finger die Gehenkten wie Marionetten baumeln. Ich zeichne die Trauernden, Weinenden, Tröstenden. Dann vergrabe ich alles bis Mai '45.«

*

Anfang Oktober 1942 füllt Anna Seghers in Mexiko die letzten Seiten ihres Romans *Transit*, doch überarbeitet sie das Manuskript noch einmal, bevor sie es in Druck gibt. Bei Einbruch der Dunkelheit wird sie im folgenden Frühsommer beim Überqueren einer Avenue in der Nähe ihrer Wohnung am Río de la Plata von einem rasenden Autofahrer erfasst. Die Diagnose in der Notaufnahme lautet: Schädelbruch und innere Hämatome. Tagelang liegt Anna Seghers im Koma. In einer Rehabilitationsklinik erlangt sie mühsam und in kleinen Schritten ihr Gedächtnis zurück. Erst nach drei Monaten kann sie entlassen werden. Schon vor ihrem Unfall hatte Anna Seghers die Idee zu ihrer Erzählung *Der Ausflug der toten Mädchen*, in der sie in einem Tagtraum ihre ehemaligen Mainzer Schulgefährtinnen im nationalsozialistischen Deutschland untergehen sieht. Als Anna Seghers 1944 von der Deportation ihrer Mutter 1942 erfährt (ihr Vater starb bereits 1940), ergänzt sie ihre Erzählung, so Pierre Radvanyi in *Jenseits des Stroms* (2006), um die über ihre Mutter nachsinnende Protagonistin Netty: »Wie jung sie doch aussah, die Mutter, viel jünger als ich. Wie dunkel ihr glattes Haar war, mit meinem verglichen. Meins wurde ja schon bald grau, während durch ihres noch keine sichtbaren grauen Strähnen liefen. Sie stand vergnügt und aufrecht da, bestimmt zu arbeitsreichem Familienleben, mit den gewöhnlichen Freuden und Leiden des Alltags, nicht zu einem qualvollen, grausamen Ende in einem abgelegenen Dorf, wohin sie von Hitler verbannt worden war.«

1946 wird *Der Ausflug der toten Mädchen* in Wieland Herzfeldes Aurora Verlag in New York veröffentlicht, nachdem 1944 eine spanische Fassung vorausgegangen war. Auch *Transit* erscheint 1944 zunächst auf Spanisch und erst 1948 bei Kurt Weller in Konstanz auf Deutsch.

*

Auf Mauritius östlich von Madagaskar im Indischen Ozean verschlimmern sich die Internierungsbedingungen für die 1940 von der *Atlantic* zwangsweise auf jene Insel, eine britische Kronkolonie, Verbrachten. Unter den über eintausendsechshundert »Häftlingen« im ehemaligen Zentralgefängnis nahe Beau Bassin grassiert Malaria, und viele erkranken an Haftpsychosen. Anna Frank-Klein hat wenigstens für einige Stunden immer mal die Möglichkeit, aus dem Lager herauszukommen, indem sie, »Madame Frank«, den Kindern an der örtlichen Schule Zeichnen und Malen beibringt.

In Palästina wird Anna Frank-Klein nach ihrer Freilassung im August 1945 eine kleine, lichte Wohnung im Gartenvorstadtquartier RASSCO beziehen, ihr künstlerisches Schaffen wieder aufnehmen und ihre neuen Porträts in zahlreichen, nun bald israelischen Galerien präsentieren. Derweil erzählt sie ihre alte jüdische Legende von jenem Meerestier zu Ende, das an die Meeresoberfläche geschwommen war, um seinen Rücken in der Sonne zu wärmen: »Wind und Wellen hatten im Laufe der Jahre Erde angeschwemmt, so dass es möglich geworden war, darauf zu sähen und zu ernten. Aber nun war die Zeit der Ruhe für das riesige Tier vorüber. Es schüttelte sich und schwamm in die Tiefe des Meeres, von der es gekommen war. Die meisten Menschen ertranken im Meer. Nur wenigen gelang es, sich auf Schiffe zu retten. Sie weinten um ihre Familien und Freunde. Sie schauten einander mit Tränen an und fragten: Was war das? Wir glaubten, wir hätten festen Boden unter den Füßen. Wir glaubten, wir hätten eine neue Heimat gefunden. Und wo war sie nun?«

Verwendete Literatur

Adler-Rudel, Salomon: Jüdische Selbsthilfe unter dem Nazi-regime 1933-1939. Im Spiegel der Berichte der Reichsver-tretung der Juden in Deutschland. Mit einem Vorwort von Robert Weltsch. Tübingen 1974

Alijah. Informationen für Palästina-Auswanderer. Herausge-geben vom Palästina-Amt. Berlin 1933-1936

Andert, Karin: Monika Mann. Eine Biografie. Hamburg 2010

Andreas-Friedrich, Ruth: Der Schattenmann. Tagebuchauf-zeichnungen 1938-1945. Berlin 1947

Baum, Vicky: Hotel Shanghai. Amsterdam 1939

Bauschinger, Sigrid: Else Lasker-Schüler. Eine Biographie. Göttingen 2004

Beautiful Palestine. Herausgegeben von Curt Kramarski. Tel Aviv 1939

Benz, Wolfgang (Hrsg.): Die Juden in Deutschland 1933-1945. Leben unter nationalsozialistischer Herrschaft. Mün-chen 1989

Berninger, Frank und Ulrike Voswinckel (Hrsg.): Exil am Mittelmeer. Deutsche Schriftsteller in Südfrankreich von 1933-1945. München 2008

Blau, Bruno: Das Ausnahmerecht für die Juden in Deutsch-land 1933-1945, 3. Auflage. Düsseldorf 1965

Cohn, Heinz und Erich Gottfeld: Auswanderungsvorschrif-ten für Juden in Deutschland. Berlin 1938

Cordes, Oda: Marie Munk. Leben und Werk. Köln/Wei-mar/Wien 2015

Decker, Kerstin: Mein Herz – Niemandem. Das Leben der Else Lasker-Schüler. Berlin 2009

Diehl, Katrin: Die jüdische Presse im Dritten Reich. Zwi-schen Selbstbehauptung und Fremdbestimmung. Tübingen 1997

Ein Jahr Hilfe und Aufbau. Herausgegeben vom Zentralaus-schuss der Deutschen Juden für Hilfe und Aufbau. Berlin-Charlottenburg 1934

Fischer, Grete: Palästina. Das erlaubte Land. Erste Ausgabe: Einführung in Land & Leute für Auswanderer. Paris 1934

Fischer, Grete: Dienstboten, Brecht und andere. Zeitgenossen in Prag, Berlin, London. Olten und Freiburg im Breisgau 1966

Fleckner, Uwe und Peter Mack (Hrsg.): The Afterlife of the Kulturwissenschaftliche Bibliothek Warburg. The Emigration and the Early Years of the Warburg Institute in London. Berlin 2014

Fohsel, Hermann J.: Im Wartesaal der Poesie. Zeit- und Sittenbilder aus dem Café des Westens und dem Romanischen Café. Berlin o. J. (1995)

Frankenthal, Käte: Der dreifache Fluch: Jüdin, Intellektuelle, Sozialistin. Lebenserinnerungen einer Ärztin in Deutschland. Frankfurt am Main 1981

Friedmann, Ronald: Exil auf Mauritius 1940-1945. Berlin 1987

Fry, Varian: Auslieferung auf Verlangen. Die Rettung deutscher Emigranten in Marseille 1940/41. Frankfurt am Main 2009

Gombrich, Ernst: Gertrud Bing zum Gedenken, in: Jahrbuch der Hamburger Kunstsammlungen. Herausgegeben von der Hamburger Kunsthalle und dem Museum für Kunst und Gewerbe. Bd. 10. Hamburg 1965

Die große Alijah seit 1933. Haifa 1937

Heppner, Ernest G.: Fluchtort Shanghai. Erinnerungen 1938-1948. Aus dem Amerikanischen von Roberto de Hollanda. Bonn 1998

Das Jüdische Hamburg. Ein historisches Nachschlagewerk. Herausgegeben vom Institut für die Geschichte der deutschen Juden. Göttingen 2006

Jürgs, Britta (Hrsg.): Leider hab ich's Fliegen ganz verlernt. Porträts von Künstlerinnen und Schriftstellerinnen der Neuen Sachlichkeit. Berlin/Grambin 2000

Jugend-Alijah. Informationsdienst der Arbeitsgemeinschaft für Kinder- und Jugend-Alijah. Berlin 1937

Kaléko, Mascha: Mädchen an der Schreibmaschine, in: Mascha Kaléko. Sämtliche Werke und Briefe in vier Bänden. Herausgegeben und kommentiert von Jutta Rosenkranz. Band I. München 2014

Kaléko, Mascha: Überfahrt, in: Mascha Kaléko. Sämtliche Werke und Briefe in vier Bänden. Herausgegeben und kommentiert von Jutta Rosenkranz. Band I. München 2014

Kaléko, Mascha: Der Gott der kleinen Webfehler. Spaziergänge durch New Yorks Lower Eastside und Greenwich Village. München 1985

Kaléko, Mascha: Die paar leuchtenden Jahre. Mit einem Essay von Horst Krüger. Herausgegeben, eingeleitet und mit der Biographie ›Aus den sechs Leben der Mascha Kaléko‹ von Gisela Zoch-Westphal. München 2003

Kaplan, Marion: Der Mut zum Überleben. Jüdische Frauen und ihre Familien in Nazideutschland. Berlin 2001

Kerr, Alfred: Ich kam nach England. Ein Tagebuch aus dem Nachlass. Herausgegeben von Thomas Koebner und Walter Huder. Bonn 1979

Kerr, Judith: Als Hitler das rosa Kaninchen stahl. Ravensburg 1973

Kerr, Judith: Warten bis der Frieden kommt. Ravensburg 1975

Klinger, Ruth: Die Frau im Kaftan. Gerlingen 1992

Kludas, Arnold: Die Seeschiffe des Norddeutschen Lloyd. Herford 1991

Kludas, Arnold: Die Schnelldampfer Bremen und Europa. Hamburg 1996

Kösters, Klaus: Tisa von der Schulenburg. Münster 2003

Koglin, Michael: Zu Fuß durch das jüdische Hamburg. Hamburg 2013

Krechel, Ursula: Shanghai fern von wo. Salzburg 2008

Lasker-Schüler, Else: Hebräische Balladen. Berlin 1920

Lasker-Schüler, Else: Das Hebräerland. Zürich 1937

Lasker-Schüler, Else: Mein blaues Klavier. Mit einem Nachwort von Ricarda Dick. Frankfurt am Main 2000

Loeper, Gudrun: Die kreisende Weltfabrik oder Else Lasker-Schülers Berlin. Berlin 2012

Lowenthal, Ernst Gottfried (Hrsg.): Bewährung im Untergang. Ein Gedenkbuch. Stuttgart 1964

Luft, Gerda: Heimkehr ins Unbekannte. Eine Darstellung der Einwanderung von Juden aus Deutschland nach Palästina vom Aufstieg Hitlers zur Macht bis zum Ausbruch des Zweiten Weltkrieges 1933-1939. Wuppertal 1977

Luft, Gerda: Chronik eines Lebens für Israel. Wuppertal 1983

Maierhof, Gudrun: Selbstbehauptung im Chaos. Frauen in der jüdischen Selbsthilfe 1933-1943. Frankfurt 2001

Mann, Erika: Blitze überm Ozean. Aufsätze, Reden, Reportagen. Herausgegeben von Irmela von der Lühe und Uwe Naumann. Reinbek bei Hamburg 2001

Mann, Monika: Vergangenes und Gegenwärtiges. Erinnerungen. Reinbek bei Hamburg 2001

Mann, Monika: Das fahrende Haus. Aus dem Leben einer Weltbürgerin. Herausgegeben von Karin Andert. Reinbek bei Hamburg 2007

Marx, Hilde: Es ist wichtig, dass wir sprechen, in: Henri Jacob Hempel (Hrsg.): »Wenn ich schon ein Fremder sein muss ...« Deutsch-jüdische Emigranten in New York. Frankfurt am Main/Berlin/Wien 1984

Michels, Karen: Aby Warburg. Mit Bing in Rom, Neapel, Capri und Italien. Hamburg 2010

Michels, Karen und Charlotte Schoell-Glass (Hrsg.): Tagebuch der Kulturwissenschaftlichen Bibliothek Warburg. Mit Einträgen von Gertrud Bing und Fritz Saxl. Berlin 2001

Nathorff, Hertha: Stimmen der Stille. Solingen 1966

Neubert, Sabine, Rudolf Frank: Theatermann – Humanist. Magier der Sprache. Herausgegeben von Vincent C. Frank-Steiner. Berlin 2012

Palmer, Lilli: Dicke Lilli – gutes Kind. München 1974

Pauli, Hertha: Der Riss der Zeit geht durch mein Herz. Wien 1970

Pflug, Günther (Hrsg.): Die jüdische Emigration aus Deutschland 1933-1941. Die Geschichte einer Austreibung. Eine Ausstellung der Deutschen Bibliothek Frankfurt am Main unter Mitwirkung des Leo Baeck Institutes New York. Frankfurt am Main 1985

Philo-Atlas. Handbuch für die jüdische Auswanderung. Berlin 1938

Pitot, Geneviève: Der Mauritius-Schekel. Geschichte der jüdischen Häftlinge auf der Insel Mauritius 1940-1945. Herausgegeben von Vincent C. Frank-Steiner. Berlin 2008

Pross, Steffen: »In London treffen wir uns wieder«. Vier Spaziergänge durch ein vergessenes Kapitel deutscher Kulturgeschichte. Berlin 2000

Radvanyi, Pierre: Jenseits des Stroms. Erinnerungen an meine Mutter Anna Seghers. Berlin 2006

Rosenkranz, Jutta: Mascha Kaléko Biografie, 4. Auflage. München 2015

Ruge, Elisabeth: Charlotte Gräfin von der Schulenburg zur Erinnerung: 20. Juli 1909 bis 18. Oktober 1991. Hamburg 1992.

Sachs, Lessie: Tag- und Nachtgedichte. Ausgewählt und eingeleitet von Heinrich Mann. New York 1944

Schoppmann, Claudia (Hrsg.): Im Fluchtgepäck die Sprache. Deutschsprachige Schriftstellerinnen im Exil. Berlin 1991

Schröder, Gustav: Heimatlos auf hoher See. Berlin 1949

Schulenburg, Tisa von der: Eine Welt ging in Trümmer, in: Als Hitler kam … 50 Jahre nach dem 30. Januar 1933. Erinnerungen prominenter Augenzeugen. Freiburg im Breisgau 1982

Schulenburg, Tisa von der: Brüche einer Biographie, 3 Bde., ausgewählt und herausgegeben von Detlef Hamer. Schwerin 1995

Schulenburg, Tisa von der: Ich hab's gewagt. Husum 2013

Seghers, Anna: Transit. Berlin und Weimar 1970

Seghers, Anna: Sechs Tage, sechs Jahre. Tagebuchseiten, in: Neue Deutsche Literatur, Heft 32. Berlin 1984.

Seghers, Anna: Das siebte Kreuz. Berlin 1946

Seghers, Anna: Reise ins Elfte Reich, in: Erzählungen 1933-1947, Werkausgabe. Berlin 2000

Soden, Kristine von: »Und dann kamen keine Briefe mehr ...« Rettungstransporte jüdischer Kinder 1939 – und ihre Wiederbegegnung mit Deutschland 55 Jahre später. Hörfunkfeature-Koproduktion NDR/SWF 1995

Soden, Kristine von: »Wir waren weiße Raben«. Juristinnen in der Weimarer Republik. Erinnerungen von Rechtsanwältinnen und Richterinnen. Hörfunkfeature-Koproduktion NDR/DLF/SFB 1997

Soden, Kristine von: Die Titanic der Pyrenäen – Nazis, Emigranten und Dr. Schiwago im Bahnhof von Canfranc. Hörfunkfeature-Koproduktion SWR/DLF 2004

Soden, Kristine von: Zur Sommerfrische nach Sylt. Wo die Avantgarde baden ging. Berlin 2008

Sonder, Ines: Lotte Cohn. Baumeisterin des Landes Israel. Berlin 2010

Spalek, John und Joseph Strelka (Hrsg.): Deutsche Exilliteratur seit 1933. Bd. 1, Kalifornien. Bern, München 1976 – Bd. 2, New York, Teil 1–2. Berlin/New York 1989 – Bd. 3, USA, Teil 1-5. Berlin/New York 2000-2005

Specht, Heike: Lilli Palmer. Die Biographie. Berlin 2014

Strauss, Claude-Lévi: Traurige Tropen. Köln 1960

Tergit, Gabriele: Etwas Seltenes überhaupt. Erinnerungen. Frankfurt/Main/Berlin/Wien 1983

Tergit, Gabriele: Im Schnellzug nach Haifa. Mit Fotos aus dem Archiv Abraham Pisarek. Herausgegeben von Jens Brüning und mit einem Nachwort versehen von Joachim Schlör. Frankfurt am Main 1998

Traub, Michael: Die jüdische Auswanderung aus Deutschland. Berlin 1936

Warburg-Spinelli, Ingrid: Erinnerungen 1910-1989. »Die Dringlichkeit des Mitleids und die Einsamkeit, nein zu sagen«. Hamburg 1990

Der Weg der deutschen Alijah. Tel Aviv 1939

Zehl Romero, Christiane: Anna Seghers mit Selbstzeugnissen und Bilddokumenten. Reinbek bei Hamburg 1993

Zehl Romero, Christiane: Anna Seghers. Eine Biographie 1900-1947. Berlin 2000

Zuckmayer, Carl: Als wär's ein Stück von mir. Horen der Freundschaft. Frankfurt am Main 1996

Zweig, Stefan: Die Welt von Gestern. Stockholm 1944

Zweig, Friderike und Stefan Zweig: Unrast der Liebe. Ihr Leben im Spiegel ihres Briefwechsels. Zusammengestellt und mit einem Anhang versehen von Petra Eisele. Frankfurt am Main 1984

Zweig, Friderike und Stefan Zweig: »Wenn einen Augenblick die Wolken weichen«. Briefwechsel 1912-1942. Herausgegeben von Jeffrey B. Berlin und Gert Kerschbaumer. Frankfurt am Main 2006

Jüdische Periodika

Acht-Uhr-Abendblatt. Shanghai 1940-1941 *

Arbeitsbericht des Zentralausschusses der deutschen Juden für Hilfe und Aufbau. Berlin 1934-1938 *

Aufbau. New York, 1934-1943 *

Blätter des Jüdischen Frauenbundes. Berlin 1933-1938

C.V. –Zeitung. Berlin 1933-1938

Informationsblätter. Herausgegeben vom Zentralausschuss des Hilfsvereins der deutschen Juden in Deutschland. Berlin 1933-1938 *

Israelitisches Familienblatt. Berlin 1933-1938

Jüdische Auswanderung. Korrespondenzblatt über Auswanderungs- und Siedlungswesen. Südamerika. Herausgegeben vom Hilfsverein der Juden in Deutschland. Berlin 1936 und 1939 *

Jüdische Auswanderung. Korrespondenzblatt über Auswanderungs- und Siedlungswesen. USA und Cuba. Herausgegeben vom Hilfsverein der Juden in Deutschland. Berlin 1938 *

Jüdische Auswanderung. Korrespondenzblatt über Auswanderungs- und Siedlungswesen. Australien. Herausgegeben vom Hilfsverein der Juden in Deutschland. Berlin 1937 *

Jüdische Rundschau. Berlin 1933-1938

Jüdisches Nachrichtenblatt. Berlin 1938-1943 *

Pariser Tageblatt. Paris 1933-1936 *
Pariser Tageszeitung. Paris 1936-1940 *

Die mit * gekennzeichneten Titel der jüdischen Periodika können in den Lesesälen der Deutschen Nationalbibliothek digitalisiert eingesehen werden, alle übrigen unter: www.compactmemory.de.

Materialien aus der Deutschen Nationalbibliothek, Deutsches Exilarchiv 1933-1945, Frankfurt am Main

Anna Frank-Klein – Nachlass EB 85/127

Mascha Kaléko – Konvolut Postkarten/EB autograph 765

Hilde Marx – Personenakte/Archiv der American Guild for German Cultural Freedom, New York, EB 70/171-D.06.76

Käthe Nathorff – Teilnachlass EB 92/328

Lessie Sachs-Wagner – Personenakte/Archiv der American Guild for German Cultural Freedom, New York, EB 70/117- D.08.41

Gabriele Tergit – Teilnachlass EB 93/178 und Interview mit Henri Jacob Hempel/EB autograph 0588

Friderike Maria Zweig – Personenakte/Emergency Rescue Committee, New York, EB 73/021

Archiv der Stiftung Neue Synagoge Berlin – Centrum Judaicum

Lotte Cohn – CJA, 6.12/1

Annonce aus dem Jüdischen Nachrichtenblatt, *21. Januar 1939*

Bild- und Textnachweise

Vorsatz/Nachsatz: Britta Jürgs, unter Verwendung einer historischen Ansichtskarte aus dem Privatarchiv Kristine von Soden sowie der Karte *Entfernungen in der Welt in Kilometern* aus dem *Philo-Atlas. Handbuch für die jüdische Auswanderung*. Berlin 1938

S. 10: »Vorschiff der Europa auf hoher See« mit freundlicher Genehmigung von Arnold Kludas aus: *Die Schnelldampfer Bremen und Europa. Höhepunkt und Ausklang einer Epoche*. Herford 1993

S. 11: Mascha Kaléko: *Überfahrt*, 1. und 2. Strophe. Aus: Mascha Kaléko: *Sämtliche Werke und Briefe in vier Bänden*. Herausgegeben von Jutta Rosenkranz. © 2012 dtv Verlagsgesellschaft, München

S. 13: © Ursulinenkloster Dorsten

S. 17: Mit freundlicher Genehmigung von Gert Brüning

S. 18: © Deutsches Literaturarchiv Marbach

S. 20: Mascha Kaléko: *Überfahrt*, 3. und 4. Strophe. Aus: Mascha Kaléko: *Sämtliche Werke und Briefe in vier Bänden*. Herausgegeben von Jutta Rosenkranz. © 2012 dtv Verlagsgesellschaft, München

S. 25: Nachlass Hertha Nathorff, Museum der Geschichte von Christen und Juden, Laupheim

S. 26: Nachlass Hertha Nathorff, Museum der Geschichte von Christen und Juden, Laupheim

S. 29: Annonce aus: *Alijah*, Oktober 1934, 6. Auflage. Herausgegeben vom Palästina-Amt, Berlin (Deutsche Nationalbibliothek)

S. 31: Annonce aus: *Alijah*, August 1933, 3. Auflage. Herausgegeben vom Palästina-Amt, Berlin (Deutsche Nationalbibliothek)

S. 34: Stiftung Neue Synagoge Berlin – Centrum Judaicum, Archiv (CJA), Signatur CJA, 6.12/1, Nr. 19, Bl. 8

S. 39: Abbildung aus: *Alijah*, Oktober 1934, 6. Auflage. Herausgegeben vom Palästina-Amt, Berlin (Deutsche Nationalbibliothek)

S. 40: Deckblatt von Mascha Kaléko: *Das lyrische Stenogrammheft*. Rowohlt Verlag, Berlin 1933 (Deutsche Nationalbibliothek). © für das Umschlagbild: Gisela Zoch-Westphal

S. 47: Fotograf: A. Binder. Aus der Zeitung *Jedioth Chadaschoth*, Tel Aviv. © Gidal-Bildarchiv im Steinheim-Institut

S. 48: Zeichnung von Else Lasker-Schüler aus: *Das Hebräerland*. Paul Cassirer Verlag, Zürich 1937 (Deutsche Nationalbibliothek)

S. 53: Annonce aus: *Beautiful Palestine*, um 1939 (Deutsche Nationalbibliothek, Deutsches Exilarchiv 1933-1945, Frankfurt am Main)

S. 54: Annonce aus: *Aufbau*, Juni 1939 (Deutsche Nationalbibliothek, Deutsches Exilarchiv 1933-1945, Frankfurt am Main)

S. 57: Deckblatt von Else Lasker-Schüler: *Hebräische Balladen*. Berlin 1920. Umschlagzeichnung von Else Lasker-Schüler
(Deutsche Nationalbibliothek)

S. 61 oben: Kopfleiste aus: *Jüdische Auswanderung. Korrespondenzblatt über Auswanderungs- und Siedlungswesen*, Herbst 1937. Herausgegeben vom Hilfsverein der Juden in Deutschland (Deutsche Nationalbibliothek, Deutsches Exilarchiv 1933-1945, Frankfurt am Main)

S. 61 unten: Annonce aus: *Alijah,* April 1935, 7. Auflage. Herausgegeben vom Palästina-Amt. Berlin (Deutsche Nationalbibliothek)

S. 65: Die Journalistin und Schriftstellerin Hilde Marx, Berlin um 1935; Fotograf: Herbert Sonnenfeld. Jüdisches Museum Berlin, Ankauf aus Mitteln der Stiftung Deutsche Klassenlotterie Berlin

S. 71: Historische Ansichtskarte Archiv AvivA Verlag

S. 72: Annonce aus: *Alijah,* Februar 1938, 8. Auflage. Herausgegeben vom Palästina-Amt. Berlin (Deutsche Nationalbibliothek)

S. 77: Deckblatt *Alijah*, Oktober 1933. 4. Auflage. Herausgegeben vom Palästina-Amt. Berlin (Deutsche Nationalbibliothek)

S. 78: Annoncen aus: *Alijah,* Oktober 1933, 4. Auflage. Herausgegeben vom Palästina-Amt. Berlin (Deutsche Nationalbibliothek)

S. 84: »Hohe Fahrt und schweres Wetter« mit freundlicher Genehmigung von Arnold Kludas aus: *Die Schnelldampfer Bremen und Europa. Höhepunkt und Ausklang einer Epoche.* Herford 1933

S. 87: Die Schauspielerin Lilli Palmer um 1930, Theatersammlung der Universitäts- und Landesbibliothek Darmstadt. Foto: © Hans Collmann

S. 91: © The Warburg Institute, London

S. 94: Historische Ansichtskarte Archiv AvivA Verlag

S. 98: © Ursulinenkloster Dorsten

S. 103: © Ursulinenkloster Dorsten

S. 107: »Einfahrt der Bremen nach New York« mit freundlicher Genehmigung von Arnold Kludas aus: *Die Schnelldampfer Bremen und Europa. Höhepunkt und Ausklang einer Epoche.* Herford 1993

S. 110: Margarete Edelheim und Heinz Berggrün in der Redaktion der *C.V.- Zeitung*, Emser Straße 42; Fotograf: Herbert Sonnenfeld, Jüdisches Museum Berlin, Ankauf aus Mitteln der Stiftung Deutsche Klassenlotterie Berlin

S. 113: Deckblatt von Margarete Edelheim: *Südafrikanische Impressionen.* Reiseberichte für die *C.V.-Zeitung* Mai-Juli 1936 (Deutsche Nationalbibliothek)

S. 116: Fotos und Montage von Herbert Sonnenfeld aus: *Jüdisches Nachrichtenblatt* vom 18. August 1939 (Deutsche Nationalbibliothek, Deutsches Exilarchiv 1933-1945, Frankfurt am Main)

S. 120/121: Annoncen aus: *Jüdische Auswanderung. Korrespondenzblatt über Auswanderungs- und Siedlungswesen*, Herbst 1937. Herausgegeben vom Hilfsverein der Juden in Deutschland (Deutsche Nationalbibliothek, Deutsches Exilarchiv 1933-1945, Frankfurt am Main)

S. 123: Deckblatt von *Jüdische Auswanderung. Korrespondenzblatt über Auswanderungs- und Siedlungswesen*, September 1936 (Deutsche

Nationalbibliothek, Deutsches Exilarchiv 1933-1945, Frankfurt am Main)

S. 124: Annonce aus: *Jüdische Auswanderung. Korrespondenzblatt über Auswanderungs- und Siedlungswesen*, Herbst 1937. Herausgegeben vom Hilfsverein der Juden in Deutschland (Deutsche Nationalbibliothek, Deutsches Exilarchiv 1933-1945, Frankfurt am Main)

S. 133: Nachlass Hertha Nathorff, Museum der Geschichte von Christen und Juden, Laupheim

S. 137: Foto: Kurt Schwerin, aus: Claudia Schoppmann (Hrsg.): *Im Fluchtgepäck die Sprache. Deutschsprachige Schriftstellerinnen im Exil.* Berlin 1991

S. 141: Deckblatt von Lessie Sachs: *Tag- und Nachtgedichte.* New York 1944 (Deutsche Nationalbibliothek, Deutsches Exilarchiv 1933-1945, Frankfurt am Main)

S. 144: Annoncen aus: *Aufbau*, Mai 1939 (Deutsche Nationalbibliothek, Deutsches Exilarchiv 1933-1945, Frankfurt am Main)

S. 153: Foto: Claude Berruyer. www.croiseur-lamotte-picquet.fr

S. 157: Annonce aus: *Jüdische Auswanderung. Korrespondenzblatt über Auswanderungs- und Siedlungswesen*, Sommer 1938. Herausgegeben vom Hilfsverein der Juden in Deutschland (Deutsche Nationalbibliothek, Deutsches Exilarchiv 1933-1945, Frankfurt am Main)

S. 158: »Eingeglastes Promenadendeck auf der Bremen« mit freundlicher Genehmigung von Arnold Kludas aus: *Die Schnelldampfer Bremen und Europa. Höhepunkt und Ausklang einer Epoche.* Herford 1933

S. 162: Hilde Marx: *Die 907 vor Cuba* aus: Personenakte/Archiv der American Guild for German Cultural Freedom, New York, EB 70/171-D.06.76 (Deutsche Nationalbibliothek, Deutsches Exilarchiv 1933-1945, Frankfurt am Main)

S. 163: Historische Ansichtskarte aus dem Privatarchiv Kristine von Soden

S. 164: Annoncen aus: *Aufbau*, November 1939 (Deutsche Nationalbibliothek, Deutsches Exilarchiv 1933-1945, Frankfurt am Main)

S. 168 oben: *T.S.S. Volendam*, historische Ansichtskarte aus dem Archiv AvivA Verlag

S. 168 unten: Annoncen aus: *Jüdisches Nachrichtenblatt* vom 4. Mai 1940 (Deutsche Nationalbibliothek, Deutsches Exilarchiv 1933-1945, Frankfurt am Main)

S. 171: Fotos und Montage von Herbert Sonnenfeld. aus: *Jüdisches Nachrichtenblatt* vom 16. Juni 1939 (Deutsche Nationalbibliothek, Deutsches Exilarchiv 1933-1945, Frankfurt am Main)

S. 172 oben: Annonce aus: *Jüdisches Nachrichtenblatt* vom 5. November 1940 (Deutsche Nationalbibliothek, Deutsches Exilarchiv 1933-1945, Frankfurt am Main)

S. 172 unten: Annoncen aus: *Jüdisches Nachrichtenblatt* vom 1. Oktober 1940 (Deutsche Nationalbibliothek, Deutsches Exilarchiv 1933-1945, Frankfurt am Main)

S. 175: *Jüdisches Nachrichtenblatt* vom 21. Juni 1940 (Deutsche Nationalbibliothek, Deutsches Exilarchiv 1933-1945, Frankfurt am Main)

S. 179: © Monacensia. Literaturarchiv und Bibliotheken München. Signatur = EM_F123_Album

S. 182: Reisepass von Anna Frank-Klein aus dem Nachlass Anna Frank-Klein (Deutsche Nationalbibliothek, Deutsches Exilarchiv 1933-1945, Frankfurt am Main), mit freundlicher Genehmigung von Dr. Vincent C. Frank-Steiner)

S. 185: Zeichnungen an Bord der *Helios* von Anna Frank-Klein (oben: *Zwischendeck*, 11.11.1940, unten: *Speisesaal*, 12.9.1940) aus dem Nachlass Anna Frank-Klein (Deutsche Nationalbibliothek, Deutsches Exilarchiv 1933-1945, Frankfurt am Main), mit freundlicher Genehmigung von Dr. Vincent C. Frank-Steiner

S. 190: Akademie der Künste, Berlin, Anna-Seghers-Archiv, Nr. 3759, © AdK

S. 193: Historische Ansichtskarte Archiv AvivA Verlag

S. 194: Akademie der Künste, Berlin, Anna-Seghers-Archiv, o. Sign., © Anne Radvanyi

S. 202: Abbildung aus: *Alijah*, Oktober 1934, 6. Auflage. Herausgegeben vom Palästina-Amt. Berlin (Deutsche Nationalbibliothek)

S. 207: Deckblatt von Grete Fischer: *What a thread can do. How things are made.* London/Glasgow 1944, Umschlag: Patric O'Keeffe (Deutsche Nationalbibliothek, Deutsches Exilarchiv 1933-1945, Frankfurt am Main)

S. 212: Nachlass Hertha Nathorff, Museum der Geschichte von Christen und Juden, Laupheim

S. 214: Deckblatt von Anna Seghers: *Visado de Tránsito.* Mexico 1944 (Deutsche Nationalbibliothek)

S. 222: »Die *Bremen* auf hoher See« mit freundlicher Genehmigung von Arnold Kludas aus: *Die Schnelldampfer Bremen und Europa. Höhepunkt und Ausklang einer Epoche.* Herford 1933

S. 231: Annonce aus: *Jüdisches Nachrichtenblatt* vom 21. Januar 1939 (Deutsche Nationalbibliothek, Deutsches Exilarchiv 1933-1945, Frankfurt am Main)

Dank

Mein Dank richtet sich zu allererst an Dr. Sylvia Asmus, Leiterin des Deutschen Exilarchivs 1933-1945 in der Deutschen Nationalbibliothek, Frankfurt am Main, für ihre großzügige Bereitstellung von Archivalien (insbesondere dem Passage-Tagebuch 1940 von Anna Frank-Klein, das in ihren eigenen Forschungen aktuell selbst eine wichtige Rolle spielt). Ebenso danke ich den Archivmitarbeiterinnen Regina Elzner, Katrin Kokot, Sabine Schneider und Renate Seib. Sie alle unterstützten mich bei den Recherchen und sorgten für eine stets überaus angenehme Arbeitsatmosphäre.

Der herzlichen Hilfsbereitschaft von Schwester Barbara (Barbara Austermann) aus dem Ursulinenkloster in Dorsten habe ich reiches Bildmaterial zu Tisa von der Schulenburg zu verdanken. Zum Katholizismus konvertiert, zog die Bildhauerin 1948 als Ordensfrau ins Kloster ein, »es glich einem angeschlagenen Schiff, Ruinen, Ruinen, nur ein Flügel war stehen geblieben«, wie sie später schreibt.

Stefanie Haupt, Fotografische Sammlung in der Stiftung Jüdisches Museum, Berlin, versorgte den Verlag mit Porträts zu Margarete Edelheim und Hilde Marx. Nützliche Hinweise zu Lotte Cohn gab Sabine Hank, Archiv der Stiftung Neue Synagoge in Berlin – Centrum Judaicum. Helga Neumann, Akademie der Künste, Berlin, stellte eine Fotoauswahl zu Anna Seghers in Absprache mit deren Enkelin, Anne Radvanyi, Berlin, zusammen. Gedankt sei Dr. Ursula Reuter, Salomon Ludwig Steinheim-Institut für deutsch-jüdische Geschichte an der Universität Duisburg-Essen, für Aufnahmen von Ruth Klinger, ferner Chris Korner, Deutsches Literaturarchiv Marbach, und Frank Schmitter, Monacensia München, für jene von Mascha Kaléko und Monika Mann sowie Dr. Claudia Wedepohl, London, für die Innenansicht des Warburg Institute.

Tanja Fittko, Deutsches Auswandererhaus Bremerhaven, vermittelte mir wertvolle Kontakte, darunter zu dem international renommierten Schifffahrtshistoriker Arnold Kludas in Stade bei Hamburg und zu Dr. Michael Niemetz, Leiter des Museums zur Geschichte von Christen und Juden in Laupheim. So bot Arnold Kludas aus seinem Fotoarchiv Aufnahmen der *Europa* und *Bremen* des Norddeutschen Lloyd zur Nutzung an. Dafür hier noch einmal mein ausdrücklicher Dank. Gleiches gilt für die Fotos von Hertha Nathorff und ihrer Familie, die aus Privatalben in ihrem Nachlass im Museum Laupheim stammen. Lilli Palmers Porträt wurde dank Dr. Silvia Uhlemann aus der seinerzeit im Umzug befindlichen Theatersammlung in der Universitäts- und Landesbibliothek Darmstadt kurzfristig digitalisiert – welche ein Glück!

Mit großem persönlichem Interesse wiesen mich die beiden Söhne der Künstlerin Anna Frank-Klein, Dr. Vincent C. Frank-Steiner, Basel, und René A. Frank, Wien, auf wichtige Ergänzungen hin, die die Textpassagen über ihre Mutter vervollständigten und bereicherten, wofür ich ganz besonders dankbar bin.

Über viele Jahre begleitete mich die Begegnung mit einer Gruppe ehemaliger Kinder aus dem Israelitischen Waisenheim in Frankfurt am Main, die 1939 von Triest auf der *Galiläa* nach Palästina geschickt wurden, um sie in Sicherheit zu bringen. Ihnen, die ihre Eltern nie wieder sahen, ist dieses Buch gewidmet – zum Dank für das Vertrauen, das sie mir geschenkt haben.

Kristine von Soden, im August 2016

Zur Autorin

Kristine von Soden, Dr. phil., ist gebürtige Hamburgerin und lebt in Wiesbaden. Als Featureautorin des NDR und DLF sowie als Dozentin an der Hamburger Universität beschäftigte sie sich viele Jahre mit den Biografien jüdischer Wissenschaftlerinnen, Schriftstellerinnen und Künstlerinnen in der Weimarer Republik. Seit ihrer Kindheit dem Meer sehr verbunden, schrieb sie mehrere feuilletonistische Bücher über die Nordsee und die Ostsee – wo die Weimarer Prominenz einst zur Sommerfrische weilte, zuletzt: *Ahrenshoop: Balancieren auf der Meerschaumlinie* (2015). Von Sommer bis Herbst ist die Autorin in Ahrenshoop mit literarischen Rundgängen unterwegs und betreibt dort ihre Ahrenshooper Schreibwerkstatt. www.vonsoden.de

Weitere Informationen über unser Programm
finden Sie unter www.aviva-verlag.de.

Wir schicken Ihnen gerne unser Verlagsprogramm zu.

Layout und Umschlaggestaltung: Britta Jürgs
Umschlagfoto: Der Dampfer *Bremen* des Norddeutschen Lloyd 1933;
© ullstein bild – Wolff & Tritschler
Druck: Beltz Bad Langensalza GmbH

Erste Auflage 2016
© AvivA Verlag
AvivA Britta Jürgs GmbH
Emdener Str. 33, 10551 Berlin

info@aviva-verlag.de
www.aviva-verlag.de

ISBN: 978-3-932338-85-4

Femme et étude

→
⇾ Maesrer | leute

⇾ | Sindel Soc/ com | geste
⇾ | E. Maue ? | — Els
⚦ myger | — Kaleko?
| — Seghers

↪ Leimart / Sibinier

→
⇾ | ⚦ philique | bis
— SPD
— SPD — Blume
— KPD

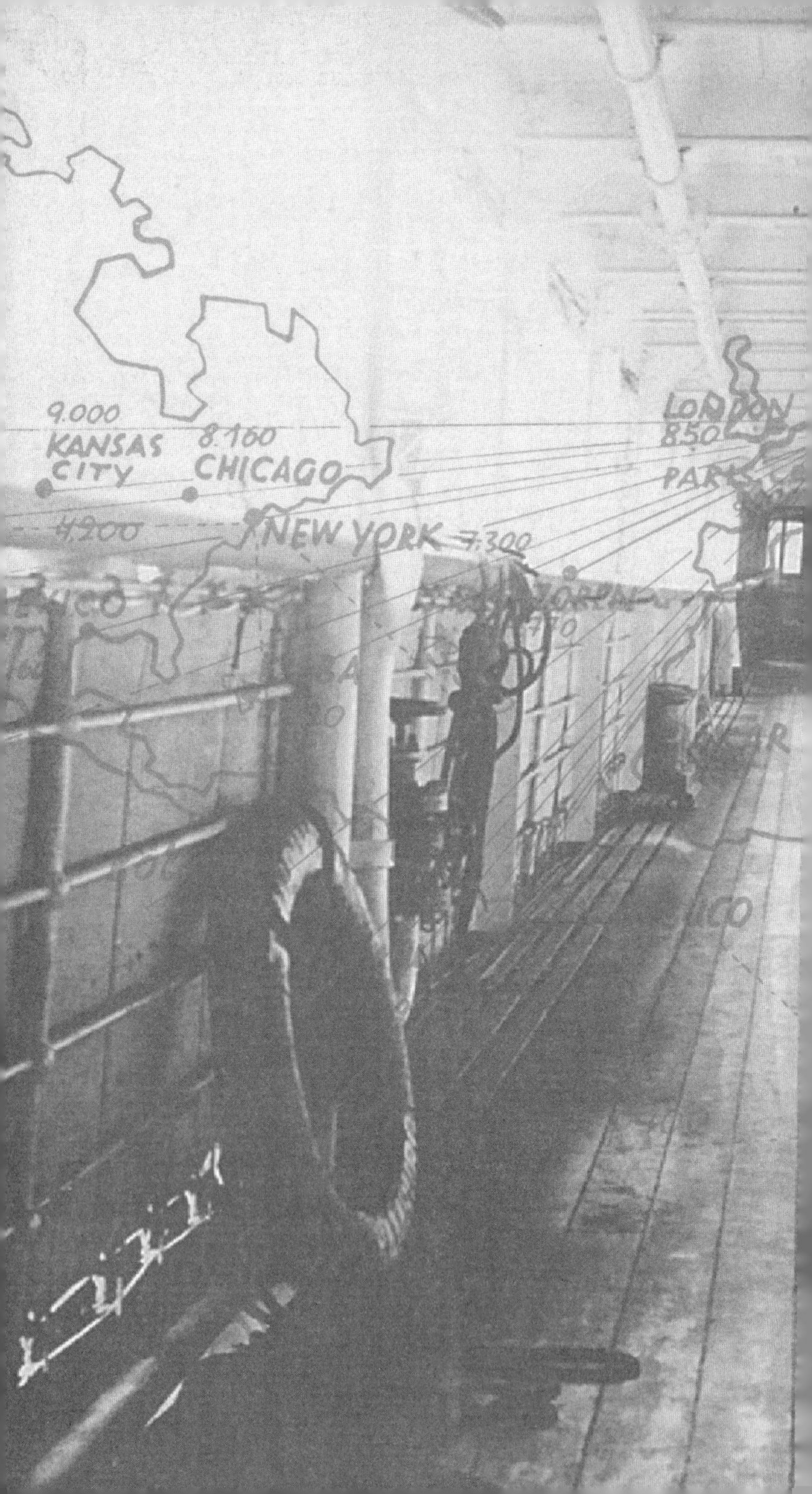
9.000
KANSAS CITY
8.160
CHICAGO
4.900
NEW YORK
7.300
LONDON
850